父母的成长

一个爸爸的亲子感悟

张尚◎著

民主与建设出版社
·北京·

图书在版编目（CIP）数据

父母的成长：一个爸爸的亲子感悟 / 张尚著. ——
北京：民主与建设出版社，2022.10
　　ISBN 978-7-5139-3974-4

　　Ⅰ.①父…　Ⅱ.①张…　Ⅲ.①亲子教育 Ⅳ.
①G781

中国版本图书馆CIP数据核字（2022）第177093号

父母的成长：一个爸爸的亲子感悟
FUMU DE CHENGZHANG YIGE BABA DE QINZI GANWU

著　　者	张　尚
责任编辑	王　颂
封面设计	王玉美
出版发行	民主与建设出版社有限责任公司
电　　话	（010）59417747　59419778
社　　址	北京市海淀区西三环中路10号望海楼E座7层
邮　　编	100142
印　　刷	三河市九洲财鑫印刷有限公司
版　　次	2022年10月第1版
印　　次	2023年4月第1次印刷
开　　本	710mm×1000mm　1/16
印　　张	16.5
字　　数	236千字
书　　号	ISBN 978-7-5139-3974-4
定　　价	56.00元

注：如有印、装质量问题，请与出版社联系。

序

　　与张尚老师结缘，是邀请他为企业讲授员工幸福能力及管理者幸福领导力系列课程，其中智慧父母、亲子关系等主题深受企业员工喜爱，以至张老师常常为企业点名邀请，他的课程也成为企业广泛引用的"幸福课"。

　　今天，欣喜地看到张尚老师倾心撰写的《父母的成长》书稿，以觉察——读懂孩子为开篇，以情绪、沟通、陪伴、关系——四大主题为核心，以典型"痛点"的应对方法为结尾，把父母成长的课题贯穿始终，用生动可感的语言，发人深省的笔触，将心理学专业嵌入到父母成长的典型场景，是一本面向生活世界的、有趣有料的父母成长智慧读本。

　　当张老师邀请我为本书撰写推荐序时，是略有犹豫的——毕竟儿童教育领域不是我的专业，也没有相关领域的培训和咨询经历。愿意接受邀请的理由是，作为父亲的我深知做父母是一份需要持续学习的职业，更为重要的是，随着企业越来越关注员工的生活幸福指数，在实践中，家庭照护和亲子教育已经成为提升生活品质及建设幸福型企业的重要主题。

　　"人民对美好生活的向往，就是我们的奋斗目标。"而"孩子们能成长得更好、工作得更好、生活得更好"已经成为人民美好生活的重要画面。儿童养育照护成为联合国《2030年可持续发展议程》的重要主题，《健康中国2030规划纲要》将儿童健康发展作为一项重要内容并上升为国家战略。

　　从提升员工生活品质的角度，家庭生活质量成为重要内容，创建家庭友好型工作环境被积极倡导，智慧父母、亲子教育、子女助学、家庭日活动等成为企业组织大力提倡并着力推进的品牌服务项目。根据工作—家庭增益理论，员工工作中获得的收入报酬、工作技能和职业情感会对家庭活动产生积极影响，而在家庭中获得的积极情绪、情感支持和良好关系可以帮助员工增强工作动力，而且这种增益除了家庭和企业，还可以扩展到社会层面。

　　家庭生活质量会直接影响到员工的工作质量与职业活力，亲子关系是生活品质重要的构成，父母的成长无疑是重要的关切。作为企业组织，期待培育幸福且敬业的员工，而帮助员工成为智慧父母，就是一项需要纳入日程的关爱主题，愿张尚老师的《父母的成长》，能成为更多的企业组织提升员工生活品质的"幸福好物"。

郭金山博士

上海经和幸福企业研究院首席顾问

中国心理卫生协会职业心理健康促进专业委员会副主任委员

2023 年 2 月 23 日

前言

2012年11月的一个早上，儿子来到这个世界，6斤8两。我看着从产房里推出来的粉嘟嘟的小婴儿，莫名想哭——这是因我而来的生命。

快满7个月时，儿子居然先学会了叫爸爸，这让太太着实嫉妒了好一阵子，说我贪天之功，一个既没功劳也没苦劳的人居然有这等待遇。

8个多月时，儿子学会了叫妈妈，太太一扫之前的怨气，眉开眼笑地看着我，心里终于得到了平衡。

11个多月时，小家伙学会了走路。我看着这个小不点儿脱离扶手晃悠悠地在客厅走来走去，激动得像中了大奖。

儿子1岁多时，有一次我要出门，他怎么都不让我离开，一边哭一边紧紧地抱着我不松手，我母亲那时在帮忙照顾孩子，她为了让我顺利脱身，就抱着小家伙往外跑，希望我离开儿子的视线后，能够转移他的注意力。那会儿我看到儿子大哭着向我挥舞着小手，拼命哭喊着"爸爸，爸爸……"一声声稚嫩而又凄厉的哭喊瞬间触动了我心底柔软的那部分，我当时一下子没忍住，转回头扑在太太的怀里，很没出息地泪流满面……

后来学习心理学，我才明白当时自己那种强烈的情绪，很可能是因为我从小被寄养在外婆家，幼小的我经常被迫与父母残忍分离而带来的一种情感投射——那个哭喊的孩子其实就是当年小小的自己。从小到大，我脑子里有一个景象一直挥之不去：幼小的我张开双手扑向妈妈，却被一双强有力的手紧紧抱住，我完全无力挣脱，最后只能无助而又绝望地看着妈妈越走越远……所以，面对儿子哭喊着的样子，我无法抑制。

当然，在我学习很多亲子和心理学知识以后，我知道该如何更好地处理自己和儿子的情绪。而那时，我只能面对这种朴素的伤心，无法自已。

可能是我小时候特别缺少父母的陪伴，我有空就喜欢和儿子待在一起。陪伴孩子多了，我发现了一些挺有意思的现象。

比如去游乐场里玩儿，大多是妈妈在陪伴，相对来讲，爸爸要少得多。

上早教课，我发现陪课的经常是妈妈，而且大多一脸焦虑，三句不离孩子的学习和作业。

我参加亲子课程学习，现场听课的妈妈远远多于爸爸，以至于有一次老师开玩笑说，这几个爸爸是不是在家无聊了，跑来看别人家老婆的。

有一次幼儿园组织活动，邀请家委会成员做评委，到现场我发现清一色是妈妈参与，只有我一个爸爸，老师甚至端着相机专门给我来个特写，搞得我颇有点"鸡立鹤群"的感觉。

那时，我常和一些家长交流亲子方面的话题，也曾组织过幼儿园的老师和家长进行座谈。我发现，因为爸爸参与孩子的陪伴和教育不够，大部分妈妈是有意见的，甚至颇有微词。

有一次，儿子一个同学的妈妈跟我说，你什么时候跟我们家那位聊聊吧，让他也重视一下孩子的教育问题。我诚惶诚恐，我哪有资格对别人的老公指手画脚呢？清官都难断家务事，我又怎敢掺和到别人的家事中去。我太太甚至提醒我低调点，免得影响别人家庭和睦，我深以为然。

不过一个不争的事实是，当前对于孩子的教育，不少家庭里爸爸是缺位的。

儿子快十岁了，从他出生到现在，我参加了不少亲子课程的学习。几乎看完了个体心理学创始人阿德勒的全部著作，这位著名的心理学家算得上是儿童发展心理学的权威之一；同时对发展心理学家埃里克·埃里克森的"人格渐成理论"以及"同一性理论"做了一些研究；对维吉尼亚·萨提亚家庭治疗的学问也比较感兴趣。当然，我自认为学得并不系统，基本都是围绕着我的兴趣和需求在学习。在探索这些知识的同时，我对心理学和亲子关系的话题越来越有兴趣，为此我还考了心理咨询师的资质证书。

需要说明的是，即使学了这么多东西，我也不敢说把孩子教育得有多优秀，甚至不比别的家长烦恼少。比如幼儿园阶段，他有时会无理取闹，耍赖发脾气；有时见到熟人不打招呼，即使你提醒了他也无动于衷；在课堂上会做小动作，老师有一次跟我讲，他上课时把腿搭在别的小朋友腿上，甚至还会把鞋子脱掉坐在地上听课；他也挑食，对着自己不喜欢的食物一口不吃，让老师们都束手无策。种种问题，不一而足……

不过面对儿子的这些问题，我并不会特别焦虑。我认为学习的价值也许就是让我更容易看到问题的核心。孩子成长中暴露出来的"问题"，很多时候本身不是问题，如何去看待和处理才是关键。甚至有些问题根本无须解决，时间会帮你解决。我也欣然地看到，儿子在某一段时期内暴露出来的一些问题，在我们春风化雨般的交流、引导和玩乐中，慢慢消于无形。

一味地焦虑和发火没什么用，有时还会起到反作用。孩子的很多问题，并不一定要通过指责甚至打骂才可以解决。

我们大多数人小时候常被父母打骂，是因为上一代父母教育理念的局限和教育能力的缺失。那时，大部分父母都忙碌于物质上的满足，能给孩子吃饱饭、穿暖衣、供孩子读书就很不容易，没有足够的耐心和认知水平去管教孩子，更别提精神方面的滋养和满足。问题是，我们在这样的教育模式下长大，容易不自觉地把这些不当的教育方式代入到下一代的成长中去，影响我们的亲子关系。在关注孩子成长的同时，作为父母，我们也需要成长。

毕竟我们都是第一次做父母，没经过正规培训，也没有技能鉴定，都在摸索着前行。

学习或许没办法让我们解决所有问题和困惑，但它的作用就如同我们在黑暗中行进依靠的导航仪，让我们慢慢拨云见日，清楚要去的方向。没有这样的"导航"，我们面对孩子的成长和发展可能会多走不少弯路，甚至会在黑暗中迷失方向，让自己更加焦虑和恐惧，也会让孩子更加痛苦。要知道，当你想解决一个问题，但连问题是什么都搞不清楚时，是没办法解决这个问题的，甚至会带来更多新的问题。

我经常思考一个问题，那就是希望自己的孩子成为一个什么样的人？当然，这个问题的本质在于孩子而不是父母，父母能做的，是在成长方向上给予什么样的引导。就这个话题我和太太曾进行一番深入探讨，也达成了我们之间的共识。首先，孩子的成绩并不是我们最看重的。当然我们希望他成绩好，但不会唯成绩论；其次，传统意义上的"乖孩子"，也不是我们想要的，我们允许他有自己的想法，鼓励他自己做决定，甚至允许他在适度的范围内打破常规。比起考试成绩和做个"乖孩子"，我们更希望儿子能成为一个内心健康、精神富足，能够独立思考、解决问题的人。离开了我们，他能把自己照顾得很好，我们就很开心。

带着这些思考，这几年我零零散散做了一些记录，包括陪伴儿子的点滴片段，也有我在讲课时学员提问的思考和回答，更多地是结合自己在生活中的见闻和感悟，在太太和好友的支持鼓励下整理成册，无意说教，也非指导，更不是标准答案，仅作为和爸爸妈妈们在亲子关系领域的分享和交流。

需要特别强调的是，如果孩子在成长中出现一些问题，往往跟父母和家庭土壤有着密不可分的关联，因此，经营好夫妻关系和家庭关系是亲子改善的重要前提。可很多父母对此视而不见，总以为孩子的问题是孩子自己造成的，并把所有的责任都归咎于孩子。殊不知，孩子暴露出来的问题，只是"果"，而"因"，通常在父母身上，在家庭里面。如果说孩子的问题是暴露在冰山上面的部分，那冰山下面的部分更值得关注。

虽然心理学是一门非常重要的学科，很多人也喜欢这门学科，但事实上这门学科在我们生活中的普及程度是远远不够的，因此，在写作过程中，我尽可能把涉及到的专业性内容转化为通俗易懂的大众语言，希望在心理学方面即便是零基础的父母也能够理解和接受。当然，囿于专业水平和个人能力问题，难免有纰漏或者错误，敬请见谅。

目　　录

第 3 章

沟通——爸爸妈妈会好好和你说话

第 4 章

陪伴——我知道你离不开我们

第5章

成长——父母成长是亲子关系改善的前提

第6章

问题——那是爸爸妈妈为你做得还不够

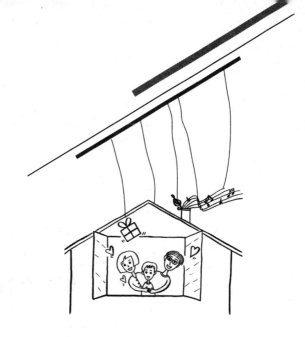

第①章

觉察——如何看待孩子的成长

你的孩子，其实不是你的孩子，
他们是生命对于自身渴望而诞生的孩子。
他们通过你来到这世界，
却非因你而来，
他们在你身边，却并不属于你。
你可以给予他们的是你的爱，
却不是你的想法，
因为他们自己有自己的思想。
你可以庇护的是他们的身体，
却不是他们的灵魂，
因为他们的灵魂属于明天，
属于你做梦也无法达到的明天。
......

——纪伯伦

一百年前诗人发出的呼喊抑或是期盼，至今无数父母依然没有听到，也没有觉悟到，以至于很多父母成了孩子发展的上限。

01

孩子是上天赐给我们的礼物

能成为你的孩子不容易

　　从几千万甚至几亿个竞争对手中奋勇向前，最终只有一个能够胜出，这种竞争的激烈程度无出其右，什么幼升小、小升初、高考、公务员考，都简直弱爆了。这么激烈的竞争，就算胜出，也不过是万里长征的第一步，他（她）还要在妈妈的子宫里经受 280 天的黑暗期，这期间他（她）拼命地吸收营养，发育成长，最后才能拨云见日，与你相见。他（她）这么努力，就是为了能够成为你的孩子，多不容易！

　　作为这个幼小生命的父母，我们又做了什么样的准备迎接他（她）的到来呢？

　　龙应台在《孩子，你慢慢来》这本书中发出感叹：孩子，是天心的验证，美的极致。究竟是什么样的宇宙机缘造就出"人"这个生命来？

　　要知道，孩子从来都不是负担，而是上天的馈赠。当你尝试走近孩子，愿意真正去陪伴孩子成长，你会发现童真的乐趣，会发现人生早已被忽略的另一片天空。

关于儿子的几件趣事

儿子的到来，真真切切给我们的生活带来很多欢乐和感动。

记得他大概 13 个月，刚学会走路没多久，有一次，他挪动着还不稳健的小脚步，把自己刚刚换下来的尿不湿捡起来，丢进墙角的垃圾桶。开始并没有完全丢进去，有一小部分还挂在垃圾桶的外沿，他转身蹒跚着走了两步，又回头去把那部分推到垃圾桶里，然后晃晃悠悠地向我们走来。那一刻我如同看到了一个奇迹，惊奇不已，这个小不点儿太有意思了！

儿童学习和发展研究专家艾莉森·高普尼克（Alison Gopnik）在《宝宝也是哲学家：学习与思考的惊奇发现》一书中提到：就算是最小的婴儿，也有惊人的共情能力和利他精神。如果你足够细心，一定会发现孩子各种令人惊奇的行为表现。这种行为本身不也说明了孩子的成长有无限可能吗？

> 有天晚上，我给儿子洗完澡后在床上给他换小内裤，他一边穿内裤一边问我，爸爸，你说人穿内裤走路会不会很累啊？我说不会啊。那爸爸，你说内裤它自己会很累吗？我奇怪儿子为什么问这样的问题，但嘴里接着说，不会啊。小家伙满脸疑惑地问，可是爸爸，那它的名字为什么叫"累裤"呢？最后我才听出来他说的是"累"，不是"内"，于是趴在床上大笑，他也趴在我身上乐不可支。我告诉儿子，这叫"内裤"，是贴身穿在里面的一种短裤，不是"累裤"，儿子说，哦，我以为它是一条很累的裤子呢，又引来我们的一阵欢笑。
>
> 儿子从出生到上幼儿园之前，头发基本都是我给他理的。但小时候给他理发可真不容易，他每次都哭喷不已。有一次给他剪了一大半就开始满屋

子到处跑，一边跑一边喊："你们不要紧张，你们不要紧张！"没办法，只能按住脑袋剪了最后几刀，剪完之后儿子哭着说："快给我洗澡，快给我洗澡，我现在头昏眼花，我现在头昏眼花！"看着这个两岁的孩子用着词不达意的语言表达自己的情绪，让我哭笑不得。

有天早晨，太太和儿子同时醒来，太太看着儿子说，儿子，妈妈觉得你长得好帅。儿子笑着回应说，那是因为你生得成功啊。太太听后直呼儿子的情商高，比他那不争气的老爸强多了，说完还瞪我一眼，好像儿子的基因都是她一个人的。

晚上，太太在梳妆台前给面部补水，儿子站在旁边看着，问妈妈你在干什么呀。太太说我在给脸补点水，让妈妈更年轻。儿子说，妈妈那你也要给你的手上补补水，让你的手和脸看起来都年轻漂亮。太太跟我说，你说一个女人听到这种话怎么能不开心？是啊，我怎么就不会说这种打动人的话。

这种事情在身边常常发生，会让你觉得有了孩子的生活太有意思了。我相信，只要你用心陪伴孩子，每个孩子都会有类似的表现和童趣，他（她）会让我们的生活充满无穷的乐趣和温暖，这难道不是上天赐予我们的生命礼物吗？

02

孩子也是我们的老师

你注意到孩子的思维发展了吗

不可否认，从认知的角度来说，孩子知道的东西会比成人少得多，所以有些家长会跟孩子炫耀他的资本："我吃过的盐比你吃过的米还多。"但孩子身上也有很多成人缺乏的能力。研究发现，在孩子学会表达和阅读之前，就拥有令人惊奇的想象力和创造力，而且具备很强的学习能力，这方面比成年人要强大很多。

孩子幼小的心灵总是充满了好奇。我儿子在1岁半到3岁之间，会不断地问这是什么，那是什么。等到他快三岁的时候，他开始不满足于知道一个东西是什么，他还要问很多为什么。有些问题在他不断地刨根问底之后，甚至超出了我的认知。面对儿子纯粹的、充满好奇的小脸，我不忍心敷衍和应付过去，就只好去检索相关的信息，之后再用他听得懂的语言表达出来。这样往往又让我陷入新一轮的问答中，因为在解释的过程中他又会有新的疑问，或者转移了焦点，有时我们针对一个又一个为什么可以翻来覆去地搞一两个小时。

事实上，孩子的成长过程就是如此，一开始，他（她）对外面的很多事物都充满了好奇，不断地探索"是什么"，等大一些，他（她）小小的脑袋就开始思考"为什么"，再大一些，他（她）可能就要去了解更深层次的逻辑了，该"怎么做"呢？

这就是小孩子思维慢慢发展和成熟的过程。

这个过程让我站在孩童的角度，用成人的眼光看待和理解什么叫探索和求真，什么叫"求知若饥，虚心若愚"。

向孩子去学点东西

仔细观察，孩子的行为模式中会有很多值得成人学习的地方。

孩子会主动交朋友，没有任何功利的目的，就是为了能一起牵着手跑来跑去，就是为了单纯的交流和快乐，而这个能力，很多历经沧桑、在世俗中摸爬滚打的成年人已经丧失殆尽。

孩子不会掩饰情绪，前一秒泪珠还挂在眼睑下，后一秒就可以毫不掩饰地破涕为笑，多么真实的喜怒哀乐。而我们"行走江湖"已久，早在面庞上罩了一层又一层的面具。

孩子有强烈的求知欲，看到一个新鲜的东西会不停地追问和探究，直到自己完全满意，我们却对很多新生事物失去了好奇，对未知的探索能力已经逐渐丧失。

我们一直追逐，不停赶路，却忽略了很多更本质的东西，健康、友谊、自我、真实……这些宝贵的东西离我们越来越远。其实孩子已经在不经意间给了我们很多提醒，只是我们选择视而不见。

冯唐曾经提出"油腻中年男人"的说法，一度引发了很多人的反思和讨论，也让很多三四十岁的男人尴尬地看着保温杯里的枸杞感慨不已。

很多人进入中年之后，慢慢开始对新鲜的东西失去了兴趣。不少男性朋友更愿意在无意义的饭局中、酒吧里、牌桌上去消耗自己的时间，或是躲在房间里打游戏，躺在床上刷手机。一边摸摸自己日渐凸起的大肚腩，一边慨叹逝去的青春，把"油腻中年男"演绎得活灵活现。

要知道，一个人之所以能够保持年轻的状态，最重要的就是他还愿意主动去尝试和体验，对不断涌现的新鲜的东西充满好奇和兴趣，还可以冲着一个方向努力奔跑。而这种状态，表现得最真实、最酣畅淋漓的不就是孩子吗?

> 有一次，我们带着儿子去公园玩，刚巧碰到了他的一个同学，那个孩子的爸爸带着两个孩子放风筝，我看着那位爸爸牵着风筝跑来跑去，两个孩子跟在屁股后面嗷嗷地叫着跑着，开心得不得了，没多久那个风筝"啪"地一头栽到地上，他们笑哈哈捡起来继续跑。那个爸爸虽然脸上有沧桑，头发不浓密，年龄也四十上下了，但给人的感觉就是很年轻、很阳光，一点儿都不感到"油腻"。

在我看来，一个中年男人要想不"油腻"，也许只要能在闲暇时用心陪伴自己的孩子就可以了。陪他（她）在地板上爬，在草地上跑，在游乐场上蹦下跳;陪他（她）看蚂蚁搬家，看春蚕吐丝，看朝阳升起;陪他（她）徜徉在书海里，奔跑在球场上，陪他（她）思考一个又一个为什么……让自己阅尽千帆，依然带着一颗孩童的心，不也是一种生命的蜕变吗?

冯尘说:"所谓父母子女一场，不过是相互滋养。我原本以为自己为你付出了一切，到最后才发现，成全的，原来是我自己。"是的，陪伴孩子成长的过程中，不单是为了孩子，更会让我们的生命获得一次升华。

03

归属感与母婴共同体

什么是归属感的建立

当宝宝呱呱坠地来到人世，每个家庭都欣喜悦纳。看着这个肉嘟嘟的小可爱，有些爸爸妈妈恨不得天天能捧在掌心，含在口中。

很多父母欣喜的同时也会带着些许慌乱：这个小不点儿不会说话，也听不懂语言，他（她）的内在需求是什么？作为父母，我们该如何去陪伴他（她）呢？

宝宝来到这个世界上，除了被照顾吃喝拉撒以外，最重要的心理需求是构建归属感。就如同你去一个陌生的地方参加聚会，如果周围的面孔都不认识，你也可能稍显局促和不安，甚至有人会不知所措。而在你非常熟悉的地方，感觉就会好很多，这就是人的归属感。只是幼小的孩子，感受和表达的方式不一样而已。

美国著名心理学家埃里克·埃里克森（Erik H Erikson）在"人格渐成理论"中提到的第一个阶段——信任与不信任的建立，一般是 0 岁到 1.5 岁之间。如果孩子这个阶段的归属感和安全感不足，那么在以后的成长过程中可能会对信任他人产生障碍。

新生的婴儿会用自己的本能去体验和感知：这个世界接不接受我？我的爸

爸妈妈是不是欢迎我的到来？外面的世界是否安全？那么，他（她）用什么方式去确定呢？是的，估计你想到了，那就是——哭闹。

孩子通过哭闹之后父母对他（她）的回应来做判断。哭闹之后，父母如果能够快速满足他（她）的需要，这时候他（她）就会停止哭闹，情绪就稳定了。如果每次哭闹都能得到及时的回应、照顾和满足，那么这种良好的互动模式建立起来之后，时间久了这个孩子的安全感就会比较足。这种安全感的满足对于孩子而言，代表我有资格存在，我有资格被善待，在这个世界里有我的位置。

有一种育儿观点提到，孩子哭闹如果你不立刻管他（她），过一段时间再回应，孩子就更独立，会很好带，这种观点我是不认同的。孩子长时间得不到照顾，他（她）只会迫于无奈去调适自己，用成人以为的"乖"去对抗潜意识的不安全感，更多的是一种对外界的"冷漠"，而非真正独立和懂事。

事实上，父母在这个阶段对孩子的陪伴和照顾非常重要，这是建立安全感的关键期。尤其是妈妈的陪伴，在初始阶段尤为重要，为什么这么说呢？

母婴共同体——妈妈就是我

研究发现，在婴儿出生的前6个月，他（她）还没有所谓"独立个体"的概念，甚至在长时间的婴儿期内，他（她）都会认为自己和妈妈是同一个人，妈妈就是自己的延伸。

此时的婴儿处于一个"自闭期"，人格的各个层面都和妈妈处于共生状态。你看他（她）与妈妈的"互动"：肚子饿了，奶水就会自然到嘴巴来了；热了，妈妈会帮助我脱掉外面的衣服；冷了，妈妈会给我加衣服；拉屁屁、尿床了，妈妈都会及时处理掉。在婴儿的认知里，这一切都是"自然"发生的。这个阶段的婴儿会觉得，妈妈就是我身体的一部分，我也是妈妈身体的一部分，我和妈妈是一体的，这就是心理学里"母婴共同体"的概念。

20世纪六七十年代，以玛格丽特·马勒（Margaret S. Mahler）教授为首的一些心理学家将"共生现象（symbiosis）"移入对人的人格发展来进行研究，而研究重点就是母亲与婴幼儿的关系及影响。母亲与婴幼儿的共生关系，对于孩子将来的人格发展、心理状态、情绪状态和行为模式，起着至关重要的作用。母亲对孩子的关注，孩子对母亲的信赖，从共生关系理论来看，是人在一生中所有人际关系发展的基础。

从生物演化的角度来看，人类幼崽在刚生下来时，比任何动物的幼崽都更加缺乏生存能力。我们会注意到，小鸡从蛋壳里出来一会儿，羽毛还没完全晾干就可以跑了；牛羊出生后，妈妈舔一舔它们身上湿漉漉的皮毛，没一会儿，它们就可以摇摇晃晃地站起来走路了。相比较而言，人类的婴儿出生后，却在很长的时间里都依赖养育者的照料，因此孩子对于家庭关系以及父母情绪的高敏感度，都是出于进化过程中的求生本能。当父母出现负面情绪时，其实对孩子来讲是很难隐藏得住的，因为敏感的、幼小的心灵很容易觉察感知到。

人类的大脑有一套有趣的"高端设备"，叫大脑边缘系统（Limbic System），它可以调节我们中枢神经系统的感觉信息，影响或产生情绪。即使是出生不久的孩子，他（她）的大脑边缘系统也非常敏感，他（她）借助这套系统可以跟妈妈实现情绪同频，就像蓝牙连接功能一样，能够对接到妈妈的情绪状态。生活中我们会注意到，如果妈妈情绪状态很好，宝宝的状态就很不错；而一旦妈妈的情绪不好，宝宝很快就会有感觉并出现负面情绪。

相对而言，这个阶段的宝宝对爸爸的认知会比较模糊，因而爸爸对孩子的直接影响也较弱。但并不代表这个阶段爸爸不重要，最基本的，爸爸要能够让妈妈保持良好的心情，因为只有妈妈有了良好的情绪状态和幸福感受，才会让孩子保持良好稳定的情绪状态。

因此，这个阶段的孩子非常需要愉快而温暖的家庭氛围，需要父母及时而细腻的照顾。这也是爸爸妈妈们在迎接宝宝到来之前重要且必要的心理准备。

04

如果孩子问你，我从哪儿来

随着孩子接触的事物越来越多，他们的好奇心也会越来越强，每天会缠着爸爸妈妈问各种各样的问题。这是他们探索外界，提升认知能力的必然。

相信每个孩子都会对一个问题感兴趣：那就是自己怎么来到这个世界上，怎么成为你们孩子的？孩子的世界很简单，不懂就会问。当孩子问你他（她）从哪儿来，你会怎么回答呢？

我们上一辈父母往往觉得这个问题难以启齿，或者奇怪孩子怎么会问这种问题，于是就用不耐烦的口气说：小孩子家，不要乱问！当你闭口不谈或直接拒绝时，孩子的好奇心反而会更重。他（她）可能会一直追着你问，直到得到自己认为满意的结果，当然也可能被气恼的大人狠狠骂一顿之后，带着委屈自己继续瞎琢磨。因为家长越是回避，越会让孩子觉得这个事情很神秘，激起了好奇心，反而会更想知道答案。

如果说要给出一个答案的话，大部分父母因为不善于应对，或者对性的敏感和回避，给出的答案往往取决于他们的随意程度，就像我们从小到大经常听到的五花八门的答案：

"你啊，是我从垃圾堆里捡来的。"

"从树底下捡回来的。"

"从河里捞上来的。"

"我从后院的土里刨出来的。"

"别人不要你了，我从路边捡回来的。"

"你就是充话费送的嘛。"

"买一赠一的赠品。"

还有的父母说孩子是大风刮来的，从石头缝里蹦出来的，从胳肢窝里掉下来的……

林林总总，对照一下，总有一款适合你。

但孩子的世界很简单，父母的话对于他们来讲就是真理啊。

有个朋友说，小时候父母一直说他是在村头树底下捡回来的，长大后当然知道这是个恶作剧式的谎言，但小时候他真的相信了，还经常偷偷跑去村头的树下看，想想自己是怎么冒出来的。他说因为这件事情，讨厌了父母很久。

不得不说，小时候我们的出身就取决于父母的回答，而这句话可能会给孩子带来长时间的影响，有时候是负面的。

当孩子问"我是从哪儿来的"这种问题时，父母要认真对待这个问题，不要敷衍糊弄。回答孩子时要注意三个不：

一不批评。请你相信，这是全世界孩子都会问的问题，也是孩子拓展自我认知的必然。所以，不要带着慌乱和懊恼的情绪去批评和责骂孩子。你的批评只是压制问题，而不是解决问题。

二不撒谎。不要告诉孩子各种荒诞无稽的答案，这样会让孩子觉得自己在父母眼中很"廉价"，就像个可以轻易捡到也可以随意丢弃的物品，这会让孩子缺乏安全感，同时对自己的出生感到恐惧。

三不回避。回避和敷衍只会激发孩子更大的好奇心，当得不到自己满意的答案时，孩子不会放弃，会继续猜测和琢磨，与其那样，还不如跟孩子认真聊一聊，当孩子觉得满足了，自然就不会打破砂锅问到底了。

那该怎么回应孩子的问题呢？

有一部很治愈的小说叫《我不喜欢这个世界，我只喜欢你》。小说中的F君说，小时候他问爸爸自己是从哪里来的，他爸爸没有像其他大人那样搪塞他，而是很认真地告诉他："你是天上的天使，上帝觉得妈妈是这个世界上最美的女人，所以派你来保护她。"

"那么你呢？"小F问。

"等你长大了就会离开她，而爸爸负责陪妈妈一直到老。"

这个回答非常暖心，也让人觉得很浪漫。

你还可以跟幼小的孩子说，因为爸爸和妈妈相爱了，在一起之后，爸爸在妈妈的肚子里播下了一颗爱的种子，这个种子长大以后就是你了。

当然，你可以有很多合适的答案。我们要清楚，孩子问这个问题根本不是要和你探讨两性关系，他（她）仅仅是对自己的来历好奇而已。所以父母不必紧张，也没必要跟幼小的孩子讲生理知识，尽量将合理的答案以一种孩子能够接受的方式，认真而郑重地讲出来即可。也许你只要认真地回答一次，孩子就满足了。

05

孩子满嘴"屎尿屁"怎么办

曾经有个家长跟我聊天，说自己家四岁多的女儿，这阵子特别喜欢说"屎尿屁"，只要说这些东西，她就显得很开心，笑个不停。而且家长越阻止，她就说得越起劲。而且邻居家年龄差不多的孩子也是一样，两个孩子凑在一起，说个"屁"字都能笑很久。她说，一个女孩子，这样真让人讨厌。

同样，我儿子在 5 岁前后也特别喜欢说"屎尿屁"，他还跟我说，他们幼儿园的小朋友也都喜欢说。我问他，你们老师听到了会怎么样？儿子说，不会怎么样啊。那老师会批评你们吗？不会，老师也会跟我们一起笑。我心里暗暗想，真好，我们要感谢老师的懂得与包容。

弗洛伊德把力比多的发展分为五个阶段：0~1 岁的口唇期、1~3 岁的肛门期、3~6 的生殖器期、6~12 岁的潜伏期以及 12~20 岁的生殖期。

在 1~3 岁的肛门期，宝宝会不断地练习如何控制自己的肛门和尿道括约肌，这样的练习也会给宝宝带来性的体验。

到了 3~6 岁的生殖器期，孩子开始对性器官产生好奇，也会发现触摸它会有奇怪的快感（这个阶段男孩开始产生"恋母情结"也叫俄狄浦斯情结，女孩开始产生"恋父情结"也叫厄勒克特拉情结）。

所以家长们可能会发现，小孩子有一段时间特别喜欢憋大小便，等到憋不住了，才跑去解决，甚至有时来不及了还会弄到衣服上。这是因为孩子突然有了新的体验，他们觉察到大小便之前憋一会儿，然后再去解决，会有快感。于是孩子就会通过先"憋住"大小便，来获得"排泄引发的快感"，并体验由此得来的力量感和掌控感。

因此，孩子可能会炫耀他（她）的"屎尿屁"，这时我们要给予理解，不要去嘲笑他们。每个人都有这个阶段。就像小时候，很多男孩会比赛尿尿，看谁尿得远，尿得越远就越有优越感，像个战胜的将军一样，也是同样的心理体验。

此外，3~6 岁的孩子，还会进入脏话敏感期，也被称作"诅咒敏感期"。比如孩子可能会脱口而出"我打死你！""我要杀了你！"要知道，小孩子说这种话并不是真的要诅咒我们，而是他（她）可能碰巧在某个场合听别人说过这句话，觉得好玩，就模仿大人的表达，随口说出来了。

那这种问题该如何应对呢？

首先，家长要理解和包容。既然我们知道了这是必经阶段，那么，无论孩子说脏话，还是满嘴"屎尿屁"，都不要大惊小怪。父母不能接受，是因为大人们认为说"屎尿屁"不文雅，是脏话，而在孩子眼中，他们只是觉得说"屎尿屁"很好玩，并不认为这是脏话。

其次，要展现淡然的态度。如果你看起来没啥反应，孩子就可能觉得没意思，慢慢就不说了。但是你反应越激烈，孩子就越觉得好玩，说这种话原来还可以操控大人的反应，他们就会说得更起劲。当然，家长如果严厉批评、过分打压，则有可能让孩子不敢在大人面前随意讲话，或者引发敏感和叛逆等行为。

再次，用发展的眼光看待。孩子这种表现是成长的阶段性特点，过了这个阶段，问题自然就消除了。成年人为什么不会喜欢说"屎尿屁"？因为我们早已过了那个阶段，有了足够的认知。因此，父母对孩子的阶段性表现要有一定的耐心。

但值得注意的是，如果孩子总是说脏话、骂人，甚至有明显的攻击性表现，父母就要多注意了，除了上述原因，极大的可能是父母对孩子的陪伴不够，孩子在吸引你的注意，或是父母陪伴孩子时做了不好的示范影响了孩子。

06

像对待成人一样去尊重你的孩子

孩子是独立的个体

孩子在成长过程中，我们要不断地提醒自己，他（她）是一个有思想、有情感的独立个体，我们不能因为孩子小，就忽略他（她）的需求和感受。这一点往往容易被成年人忽视，甚至不少人会错误地认为：那么小的孩子，懂什么？

事实上，在幼儿期阶段，孩子的自我意识就逐渐形成了，他们开始注意别人对自己的评价，他们会保护自己的自尊心，他们需要被尊重。

> 有一次，我家来了几位朋友，因为其中两位我太太不熟悉，我给他们互相做了简单的介绍，介绍完之后，儿子扬起小脸看着我说，爸爸，还有我呢。
>
> 我们哈哈大笑，然后我把儿子拉到朋友面前，郑重地给大家做介绍：这是我儿子，他叫张xx，我们家非常重要的成员。介绍完，儿子开心地笑了。

那时他才两岁。

这件事情让我认识到，孩子虽然小，但只要他在一个场合里存在，就要有他的位置。

还有一次，儿子因为一件事情生气了，他自己跑到房间里，把门关上。过了一会儿，奶奶推开门想进去劝劝他。我听到儿子在房间里叫：你不要进来，你不要进来。这个时候他才3岁多。

儿子的这些表现引发了我对孩子自我空间意识和界限的思考。

从小开始培养孩子的界限感

我们传统观念中对孩子的教育是缺少界限感的。有很多父母在跟孩子的互动中，经常是很强势甚至蛮不讲理的，这种例子在生活中比比皆是。

"我是你妈妈，我当然有权利把你的玩具送给别人！"
"连生命都是我给的，还跟我谈什么权利？"

要知道，孩子一旦出生，他（她）就是一个独立的个体，并非任何人的附属品。

"他（她）是我的孩子，我生的，我心情不好，冲他（她）发点脾气怎么了？"这更糟糕，这叫迁怒，把自己的情绪强加在孩子身上，让他（她）来承受，是对孩子的极度不公平。

"我是你妈妈，我这样做都是为你好，你还这么不理解妈妈的苦心。""为你好"的绑架也非常可怕，不能主观地认为是好心，孩子就必须要接受。

我们都知道，在家庭里营造民主的氛围，给孩子发言权，给孩子应有的尊重，对于培养孩子的自立和责任感非常重要。相反，专制的父母更可能让孩子丧失责任感。

然而，很多父母往往只会站在自己的立场看待孩子，并要求孩子按照自己的想法行事，这样教育出来的孩子往往会失去自我，不懂得尊重自己和别人的界限，导致成年后没有主见，优柔寡断，内心纠结，很多事情在该做与不该做之间拿捏不准。

孩子如果从小没有界限感，那么成年后可能在人际交往中会出现各种各样的问题。

我有个朋友，特别热心。他吃自助餐时，每次都会帮别人拿很多东西，他认为好吃的东西就会给每个人都拿。他一片好心，乐于助人，却总搞得别人哭笑不得。

在地铁或者公交上，有人即使打很私人的电话，也旁若无人地大声讲话，甚至对着电话那头发火大吼，完全不顾及别人，也完全意识不到给别人造成了困扰。

还有很多在职场中被别人呼来唤去的"便利贴"白领，别人不停地来麻烦他（她），即使自己已经很累了，很心烦了，很不情愿了，也不敢对别人"say no"，生怕得罪了别人，破坏了人际关系。

这些行为当然没办法简单地用对错来评判，但可以确定的是，他们对人际界限的认知是不够的。

失去界限的人际关系，要么伤害别人，要么困扰自己。

培养孩子的界限感，就要从自己和孩子的互动关系中开始，从尊重孩子是独立的个体开始，这对于他们将来建立和维护良好的人际关系至关重要。

07

保护孩子的"自私"和独立

你的孩子会"自私"吗

有一次我带着儿子去朋友家玩,朋友的孩子比我儿子大几个月。大人们在客厅喝茶聊天,两个小朋友在阳台上也玩得不亦乐乎,宾主尽欢。

不过没多久,两个小朋友因为争抢一个汽车玩具发生了冲突。我儿子就跑过来告状,一脸委屈地跟我说:爸爸,我想玩那个小汽车,但是哥哥不让我玩儿。

我还没来得及开口,那个小朋友的妈妈就走过去说,你把玩具给弟弟玩一会儿。那个小朋友就摇摇头,一副不情愿的样子。你给不给?妈妈加大了音量。我说没关系,让孩子们自己协商吧,他们自己可以处理的。那位妈妈说,我得让他学会谦让,学会分享,不能那么自私,再说他还是哥哥呢。说完一把抓过那个玩具小汽车,对她儿子说,这个小汽车是我给你买的,你如果不给小弟弟玩,下次我再也不给你买玩具了!说完回头就把小汽车给了我儿子，说拿去玩儿吧。接着那个孩子"哇"的一声就大哭起来，让我觉得有些尴尬。

毋庸置疑，朋友是一片好心，她既希望能满足我儿子的需求，又能让自己的孩子学会分享，只是，这个方式孩子不太能接受。

对于孩子之间的分享，应该是发自真心的，而不是被强制的。孩子经常被强制和别人"分享"，只会更加抵制成人眼中的"分享"。

家长除了让孩子拥有分享的意识，也要让孩子从分享的行为中感受到快乐。

孩子的世界里，是不太懂得"谦让"这个概念的。有时一个玩具放在某个角落，他（她）从来都想不到玩，但如果其他小朋友去拿，他（她）立刻就表现出"兴趣"，开始争抢。有时他（她）并不一定是想玩那个玩具，他（她）只是为了宣告主权：那个玩具是我的。这时，父母要理解孩子对自己物品"自私"的表现——那是孩子们在行使自己的权利。孩子如果此时不愿和别人分享自己的玩具，我们也要尊重他们，尽量友好协商，协商不成也不要轻易给孩子贴上"自私"的标签，建议让孩子自己做决定。

当然，尊重孩子的权利绝不是娇惯，也不是轻易答应孩子的无理要求，这一点要明确。

保护孩子的独立性

当孩子与自己的想法不一致时，很多父母的沟通就变成了"指令"，变成了"我说你听"的模式。如果孩子没有听从，就会被扣上"不听话，不懂事，犟脾气"的帽子。这其实是家长作风和权威思想在作祟。

观点不一致时，如果父母能够蹲下来与孩子心平气和地沟通，站在孩子的立场去感受他们的想法，也许你更容易理解孩子的选择。给孩子选择与做主的机会，让孩子学会自己做决定，会让孩子更有主见，更有力量。

从儿子2岁开始，他穿的每一双鞋子都是他做决定买的；上学后，每一个兴趣班或辅导班都是他做决定报的；平时但凡跟他相关的事情，我们尽量让他自己做决定。我发现他越来越有主见，对很多事情的看法也会更加全面和深入。让孩子学会做决定，对于培养孩子独立思考问题的能力，主动承担责任的能力，以及自己照顾自己的能力是很有帮助的。

此外，父母尽量不要当众批评孩子。众目睽睽之下，对孩子进行公开批评和指责，很容易伤害孩子的自尊心，严重一点还会导致孩子产生自卑心理和自闭倾向。而且我认为，很多时候父母当众批评孩子，更多的是为了顾全自己的颜面，而不是真正为了帮助孩子成长。

孩子幼小的心灵比成年人更加敏感，作为父母，应该学会站在孩子的立场去尊重、理解他们，保护孩子的自尊心，即使有了问题，也要尝试找出他们行为背后的真正原因和意图，帮助他们改正，而不是"以暴制暴"。这是孩子走向独立非常重要的前提。

08

偏离方向的两种"爱"

孩子的身心健康，离不开父母给予的充分的爱。但是，即使是对孩子的爱，也分愚蠢的爱和智慧的爱。爱会让人温暖，爱同样也会带来伤害。

再苦不能苦孩子？

有一种爱，你愿意给，孩子也乐于接受，可这种爱最后也会出问题，那就是"溺爱"。

伟大的周恩来总理曾经说过一句话，叫"再穷不能穷教育，再苦不能苦孩子"，这句话寄托了他对孩子成长教育的殷殷爱心和深深期待。

可是，有些家长曲解了这句话的意思，变成打着响应伟人号召的幌子去溺爱孩子，把孩子养得像个宠物一样。

一味地溺爱孩子，最终害的还是孩子。正如18世纪启蒙思想家、教育家让－雅克·卢梭（Jean-Jacques Rousseau）在《爱弥儿》中对父母们说的：你知道用什么办法使你的孩子得到痛苦吗？那就是——百依百顺。

我朋友曾跟我聊过他家的一个亲戚,四十多岁了,从小家庭条件很不错,父母一直对他照顾得无微不至,即便是现在,在家里喝牛奶,他妈妈还会把吸管插好递到他的嘴边。以至于现在婚姻和家庭生活一塌糊涂,一直要依靠父母和姐姐的接济才能维持生活。

有些所谓的成年人,说白了不过是一两百斤的"孩子"而已。他们有一个共同的名字,叫"巨婴"。

如果不想让孩子以后成为别人眼中的"巨婴",适当的时候,要让孩子吃点苦。经历过磨炼的孩子,人生的路才能走得更远,更踏实。

以爱之名的道德绑架

这世间最不能理解的善意,就是父母以爱之名,去阻碍孩子发展成独立的个体,给孩子造成各种心理创伤,还美其名曰:为了你好。

甚至有少数父母坚信:天下无不是之父母。这部分父母基于这种旧思想,对孩子有各种操控和无理的期待,而深陷其中的孩子,在这种长期的语言暗示下,慢慢地就会被"PUA",这完全是以"血缘之名"的道德绑架。

"PUA"让很多人谈之色变,但"PUA"并不只存在于恋人间、职场上,也会发生在父母与孩子之间。

听一位朋友讲过一个真实的故事。

朋友的一个同学,小时候父亲因为意外离世了,他跟着妈妈生活。从小就被妈妈训练得特别乖,特别懂事,以至于挂在嘴边的一句口头语就是,

"我要问问我妈。"

男孩考的大学是妈妈帮忙填报的志愿，专业是妈妈帮忙挑选的。

男孩谈女朋友，必须妈妈把关，来来回回换了几个女朋友，都没能入了妈妈的法眼。

男孩结婚后，每天几点起床都要妈妈规定，到了时间没起床，妈妈就会站在门口一直敲门。

这个男孩大事小事都做不了主，都要听妈妈的，后来妻子实在受不了，两口子离婚了，男孩到现在依然单身。

你会发现，很多"妈宝男""扶弟魔"，都是被父母操控的结果。如果孩子从小听惯了一句话：我是你爸／妈，你得听我的……时间久了，听爸妈的话就烙印在骨子里，成了可怕的"信仰"。可是，如果爸妈的话是错的呢？

不是父母生了孩子，孩子的一切就是你的。儿女不是用来交换的，也不是拿来利用的。

"树本无心结子，我本无恩与你"。也许孩子本不愿来这个世界，是我们的一己之私，把他（她）带到这个世界。所以，父母需要思考一个问题：生孩子是为了什么？我们能给他（她）什么？我们要让他（她）成为怎样的人？

爱孩子，就要如他所是，而非如你所愿。

成熟而智慧的爱，会带着冷静和清醒，它既不是带着讨好一味地满足和妥协，也不是带着欲望一味地要求和索取。

09

从接孩子放学想到的……

不要小看接孩子这点儿事

有一天，我去接儿子放学迟到了，等我赶到幼儿园门口时发现小朋友们都被接走了，只有儿子和老师站在大门内侧等待。儿子看到我，立刻开心地跑过来，我不好意思地对老师笑笑，领着儿子回家。

虽然最后一个被接走，但回家路上，儿子的心情丝毫没有受到影响，他很兴奋地跟我说，爸爸你知道吗，今天我吃饭很厉害，放学时老师奖励我举牌子，我走在第一名的位置。我说，哇，儿子表现得真不错，我好开心啊。他接着说，如果你来得早的话，还能看到我在前面举牌子呢。我有些歉疚地说，是啊，爸爸来晚了没看到，挺遗憾的，不过下次我一定不会错过的，儿子继续加油。儿子开心地点着头。

儿子的状态让我觉得很欣慰，因为我不止一次看到，放学时有些小朋友最后一个被接走时，状态不太好，心情很沮丧，或者对爸爸妈妈发脾气。

国外学者曾做过调查发现，接孩子放学时间早晚会对孩子的心理状态产生不同的影响。

在一个班级里，那些经常被最早接走的孩子，自信程度往往比其他孩子高，但如果固定被第一个接走的，虚荣心会变强。因为总是第一个被接走，也会成为孩子炫耀的资本，但如果突然有一天没能第一个来接，孩子可能会失望，甚至会和家长发脾气，大吵大闹。因此，孩子总是第一个被接走，未必是一件好事情。

但常常最后一个被接走的孩子，负面的心理影响更为严重。可以想象一下：孩子在放学时，看着小伙伴一个个开心地跑向他们的家人，自己却眼巴巴地紧盯着门口，扑闪着眼睛去寻觅着爸妈的身影，期待他们快点出现。在等待过程中，孩子可能会产生自我怀疑：爸爸妈妈是不是忘了来接我？他们是不是觉得我不重要？等得时间久了，孩子幼小的心里甚至可能会想：爸爸妈妈是不是不喜欢我，他们不想要我了吗？

这种被忽略和被遗弃的感觉，大人往往是体会不到的，而那个孤零零望眼欲穿的孩子，幼小而敏感的内心会不断丧失安全感。

这样的情况多了，对孩子的负面影响可能会越来越大，他（她）甚至会对大人失去信任，开始对周围的人变得冷漠。有些人可能会觉得有些危言耸听，事实上，孩子在这种情况下，心里涌现的那些奇奇怪怪的想法，对他们心理产生的负面影响会超出我们的想象，只是我们不太关注而已。

放学后跟孩子聊点儿什么

每次接到儿子后，我们都会在回家的路上聊聊天。

> 我会问儿子今天在学校发生了什么好玩的事情？和小朋友们聊了哪些好玩的话题？哪件事情你觉得最开心？老师有没有教新的本领……有时候，儿子会很乐意跟我聊。有时他不愿意回答，我就让他跟别的孩子一起玩一会儿。他喜欢跑步，就让他在路边的小道上来回跑几趟，告诉他速度好像又进步了，估计是因为最近吃饭不错，腿上又长力量了。等他玩了一会儿，心情不错时，再问他上面的这些问题，他往往就比较愿意交流了。

通常我会问一些比较积极正向的问题，希望他对学校每天生活的回忆都是美好的，即使有不好的事情发生，比如吃饭倒数第一啦，和小朋友闹别扭啦，我们也以轻松平和的方式和他交流。慢慢地，他觉得和我们聊天比较有趣，不管说什么我们都不会打击他、指责他，因此很多事情他都愿意和我们聊一聊。

在此也稍作提醒，家长在和孩子交流校园经历时，尽量不要问一些负面的问题。我时常在路上听到有些家长问孩子：今天又哭了吗？有人欺负你吗？老师有没有批评你？看到那些家长紧张的样子，好像学校是一座监狱，孩子在里面经常吃苦受罪一样。要不就是问今天饭菜好不好吃？你吃饱了吗？老师有没有提醒你多喝水？孩子应付这些问题就很头疼，而且这种问题问多了，会让小朋友觉得，上学不是一件让人快乐的事情。

此外，我也注意到很多孩子是老人接送，这很能理解，毕竟很多父母工作都忙。但也特别建议父母每周至少能抽一次时间，亲自接送一下孩子，这对孩子来讲非常有意义，是一种特别的关注和爱。

> 有一次，儿子的一个同学放学时见到我，开心地跟我打招呼，"叔叔，叔叔，今天是我爸爸接我放学的！"我看到那个孩子牵着他爸爸的手，一

脸的激动和兴奋，我也深受感染。父母接送跟老人接送，对孩子而言，心
理满足感是完全不一样的。

　　当天晚上，我和太太聊到最后一个接儿子的事情，我们仔细分析了儿
子最后被接走的状态和后续的反应，以及之前和我们互动的表现，认为儿
子跟我们基本建立了安全依恋型关系。一般来讲，当孩子内在安全感足够时，
这种安全依恋关系就比较容易建立。

　　亲子关系中常被提到的依恋理论，最早由英国心理学家约翰·波尔比（John
Bowlby）提出，他也因此被称为"依恋理论之父"。在他之后，美国心理学家
玛丽·安斯沃斯（Mary Ainsworth）将这方面研究不断进行丰富，并将其发扬光
大。有兴趣的朋友可以自行检索，在此不做赘述。

10

正确看待学校教育与家庭教育

不能把孩子的问题托付于学校教育

关注孩子的话题久了，我发现一个现象：有些父母对孩子进入学校后的改变抱有很大期待，他们觉得孩子如果在家没培养好，只要把孩子送进学校，经过老师的教育，孩子就会像丢垃圾一样，把身上原来各种各样的毛病、缺点通通都丢进垃圾桶，就会变得"人见人爱，花见花开"。甚至有些父母面对老师反馈孩子的问题时会有情绪：如果我们家长都能处理这些问题，那还要老师干吗？还送到学校干吗？事实上，这并不是一种负责任的说法。

当然，需要说明的是，这么说并非站在学校的立场，学校和老师自然有其职责和使命，学校教育对孩子成长是至关重要的。只是从客观角度来看，孩子的性格、习惯、态度等特质主要是在家庭中养成和习得的，继而来到学校这样的集体环境中展示出来而已。作为父母，我们要认清和接受这个事实，才能更好地与学校协同配合，更好地帮助孩子成长。

儿子的老师曾经跟我说过一件事情，班里有个小朋友表现不好，老师向这个小朋友的家长提出，在家里要注意孩子某些习惯的培养，这个家长听后气呼呼地拉着孩子转身就走了。老师有些无奈地说，孩子的教育不是老师和学校单方面的事情啊，家长如果不重视、不配合，我们又能起到多大的作用呢?

对于孩子在家庭教育中出现的问题，在很大程度上，学校只是起到一个显示器的显现作用，而无法完全解决。

例如，父母没有教育好自己的孩子如何与他人相处，如何尊重别人，那么孩子来到学校后，就可能因为不会与人相处而感受到被排斥和孤立，时间久了，甚至会被老师和同学们视为性格孤僻、不善交往的"怪"孩子。这种认识和暗示又会使孩子更不喜欢与别人相处，孤僻倾向更加严重。长此以往，他们有可能会发展成为大家口中的"问题儿童"。其实我们稍加分析就可以看出，这种问题的成因是在家庭教育中，而非学校教育造成的。

但现实生活中，父母可能会把这种情况的源头归咎于学校的教育问题——肯定是老师没教好。殊不知其中的因果颠倒——学校只不过是让家庭教育的潜在问题显现出来而已，问题的根源并不在学校。我们不能对孩子在家里暴露的问题视而不见，也不能简单地把原因归咎于老师和学校的教育缺失。

这明显是一种因果颠倒的逻辑，不光忽略了自身的原因，更逃避了自身的责任。

家庭教育必须先于学校教育

在教育理论中，学校的确可以更好地起到家庭和现实社会之间的桥梁作用。但是，与其期望通过学校和老师来解决孩子的问题，父母更应该去关注家庭教育，因为孩子学习最原始也是最重要的方式就是模仿，只有父母才是孩子最好的老师，也是孩子的第一任老师。

良好的教育对孩子来讲会影响终身，需要父母为此持续付出努力，不断学习，提升观念，与时俱进。如果说孩子的教育分为内在和外在两部分，那么家庭教育更像是完善内在的部分，其中包括孩子的品质、个性、人格等；而学校教育对于孩子而言，更多的是完善智力发育和提升学习能力，提供孩子与人交往的场所和环境，至于与人交往中的品性与表现，其影响因素还在家庭教育部分。

此外，孩子在学校教育中会不断地接触新的学科和知识，学校的任务侧重于让孩子掌握知识，而如何让孩子看待和理解这些学科的意义，更多的属于父母的职责。就像我们小时候在学校里学习，我们会觉得各门学科都是枯燥的，甚至大多被认为是无用的。但为了获得高分，考个好成绩，即使枯燥，我们依然要坚持，有些无法坚持的学生就会中途放弃。

事实上，从教育的角度而言，任何一门学科都有其独特而深刻的意义，父母帮助孩子解读这些学科，并提升孩子对各个学科的兴趣，是很重要的。

很早以前我看蒋勋先生的《美的沉思》，我发现蒋勋老师用他独到的眼光，将生活中的一切都跟美联系起来，他甚至会告诉你，连政治选举都是一种美。如果我们能够很早就告诉孩子，我们所学的一切将给我们的人生带来诸多美好和深刻的意义，而不仅仅是为了应付考试和争取名次，也许孩子对学习的态度会有很大的不同。

正如语文可以让我们更加清楚中华五千年文化的脉络，中西方文化的璀璨和迥异，可以让一个人更好地感受美和表达美；

数学可以帮助构建一个人的逻辑思考能力和推理能力，让我们更加理性地思辨和分析问题，更好地研究现实世界的空间形式和数量关系；

化学在我们的生活中无处不在，万物都与之相关，它可以让我们学习如何看到一个奇妙又不同的世界；

物理学能教会我们如何认识自然现象，以及如何看待事物的运动规律以及事物之间的联系；

生物学能够对客观生命现象做出科学合理的说明和阐释，会使得我们对生命的本质有一个真实的理解和认识；

历史学可以帮助我们更好地认知过去、现在和未来，可以让我们看到人类在以往实践中的得失，让人类更加智慧地生存下去；

英文、体育、自然、美术、科技……这些科目都非常有意义和价值，而父母，要让孩子知道并愿意学习。

我和太太给儿子买了不少书，在看书过程中，儿子经常会问出很多问题。

比如，他会问我，爸爸，石头是从哪儿来的？我说是从山上开采来的。他澄清了一下，说我问的是地球上第一块石头是怎么来的？我愣了，我只能说，儿子，我们一起来查资料吧。在这个过程中，我们了解到的很多信息涉及了地理、历史、化学、物理，他也非常有兴趣检索和学习。

他正看书时会突然问我，爸爸，物体分为气态、液态和固态是吗？我说是啊！那火是属于什么态呢？我愣了，于是我说，儿子，我们一起来查资料吧……

儿子有一次问我，爸爸，是不是所有物体都有缝隙？应该是吧，我不确定地说，可能有的物体缝隙大，有的物体缝隙很小。儿子接着问，那光有缝隙吗？我不知如何回答，于是又跟儿子一起查资料……

这些问题都是儿子5岁到7岁之间问的，他会问出很多奇怪又很有意思的问题，常把文科出身的我问得哑口无言，也让我觉得做一个合格的爸爸实在是不容易！

而这个过程非常有意义，儿子看书时，经常一个人哈哈大笑，也经常皱眉深思，也会让我帮他查百度搞清楚一个问题。我也会适时地跟儿子讲各个学科对我们的意义，培养他的学科兴趣。

父母在培养孩子对各种学科产生兴趣的同时，要让孩子掌握运用融会贯通的方法处理事情的能力，而不仅仅是为了考高分，这也正是我们要配合学校教育所要达到的最终目标。

第 ② 章

情绪——稳定的状态是亲子关系的核心

人不是为事情困扰着，而是被对事情的看法困扰着。"

——美国心理学家阿尔伯特·艾利斯 (Albert Ellis)

01

看懂孩子情绪背后的需求

你关注过孩子的情绪吗?

情绪很有意思,看不见摸不着,你不想让它来,它可能"嗖"地一下就冒出来了,你想让它离开,它偏偏不走掉,如影随形地干扰你、缠着你。

对于成人来讲,管理好情绪都是很难的事情,对于一个孩子来讲,他们的理性发展远远没有那么强,那么他们有情绪了,又将会如何去处理呢?

> 我的一位心理学老师,聊过一件事情:有一天他出门下楼时,对门邻居一位老人抱着两三岁的孙子走在前面,一边下楼一边嘴里念叨着:别哭了啊宝宝,你越哭爸爸越会打你知道吗?你一哭就没人喜欢你了,对,不能哭,不哭的孩子最乖了……

虽然我们不知道此前发生了什么,让孩子哭得那么伤心,但老人说这番话背后的逻辑却值得我们思考一下。

对这个两三岁的孩子而言，他自然无法理解为什么自己不能哭，但大人对他的态度，可能会在他幼小的心里种下一颗种子，那就是我不该哭，我的情绪在刚才的情景里不被允许。老人对孩子说，哭的孩子不乖，越哭爸爸越会打他，就是在明确传达给孩子一个信息：你现在的情绪有问题，你不能难过，不能愤怒，不能委屈，也不能哭！你要把这种情绪收回去，不能表现出来，否则就会有麻烦。但怎么做才可以收回去呢？不知道！可能孩子的父母不知道，父母的父母也不知道，因为他们从小到大在家里没有人教过，在学校里也没有老师教过。不过，大人知不知道有什么关系呢，孩子，收回情绪是你自己的事，也许你生下来就应该懂。作为成年人，我要做的就是用权威、恫吓和武力让你停止哭，哭就是不对，不许哭，再哭我就会打你！

可怕吧？但深入分析下来，就是这么一套荒谬的逻辑！

作为成年人，我们可能都没有能力快速处理好自己的情绪，甚至有时候待在一个负面情绪里几天都走不出来，而当孩子表现出负面情绪之后，你却不允许，要让他（她）把负面情绪迅速处理，让他（她）马上换成一张平静甚至充满笑容的脸来面对你，可能吗？要知道，他（她）是一个有血有肉、有情绪有感受的孩子。

哭只是情绪的提示器

我们一定要清楚：孩子哭闹本身不是情绪，它只是情绪的提示器。提示器的灯亮了，是在提醒你哭闹这个行为背后有情绪，情绪背后有需要解决的问题。

就像我们看到一个孩子在哭，哭不过是一种情绪的外在行为表现，而引发他（她）哭的事件，以及这件事让他（她）产生了什么情绪才让他（她）大哭，比如是疼痛、伤心、委屈、愤怒、恐惧，还是别的什么情绪？这些情绪该如何安抚才能让孩子归于平静？这才是我们需要探究和解决的。

很多时候，当看到孩子哭闹时，父母就会着急，甚至在众人面前会觉得难堪，于是急于去矫正孩子的行为。通过批评、呵斥甚至更暴力的方式去制止孩子情绪的释放，最后就算孩子屈服于你的"威权"之下，也不过是一时之效，"治标不治本"，甚至会引发孩子更多深层的情绪问题产生。事实上，这时候父母最应该做的，是冷静下来，花一些时间和耐心，去探寻孩子出现这种行为的根源，去帮孩子处理情绪。

和成人一样，孩子也有丰富的情绪，他（她）会有激动、兴奋、开心、放松、欢喜等正面情绪，也会有愤怒、委屈、伤心、紧张、害怕等负面情绪。当你有这些情绪的时候，你期待别人如何对待你？你允许孩子在你面前释放这些情绪吗？

02

学会处理孩子的情绪

你用过哪些方法处理孩子的情绪

　　正如上一代父母从未教过我们如何处理情绪一样，很多父母如今也不会教自己的孩子处理情绪。如果自己缺乏处理情绪的能力，就可能会用不恰当的方式对待孩子。总结下来，父母在处理孩子的负面情绪时，通常有以下几种做法：

　　第一种，武力威慑。

　　有位学员在跟我深度交流时说，他小时候无论遇到什么事情，只要想哭，父亲就会狠狠地瞪着他，一根可怕的手指直直地戳在他的眉间，"你敢哭，你敢哭试试！"接着巴掌就扬在那边，等着和他的眼泪一起落下。于是只能泪水在眼眶里打转，生生地压抑着复杂而又难受的情绪。孩子本来只是难过或伤心，但面对那根恶狠狠的手指，可能又增加了委屈、愤怒、恐惧，甚至怨恨，这无疑是雪上加霜的处理方法。

　　第二种，转移焦点。

　　例如，孩子有了不好的情绪，父母就说："这样吧，你不要哭，我们下午去游乐场行了吧？"或者说，"行了，别哭了，我带你去吃肯德基总可以了吧。"用孩子想去游乐场、想吃肯德基的期待，来转移孩子当下的情绪。这样一来，似乎当前的麻烦解决了，事实上孩子原来的情绪并未得到有效处理，只是暂时被"蒙蔽"了。

第三种，完全妥协。

比如孩子要买一个东西，父母一开始不同意，孩子就开始闹脾气，大哭大喊，最后只好无奈地说："好了好了，别哭了，给你买还不行嘛。"拒绝不了就妥协了，顺从孩子的意愿。那么下次孩子再有需求时就知道该怎么办了：哭闹是个好办法。哪怕是不合理的诉求，只要哭闹就能得到满足，于是就会越来越没有底线。

第四种，冷漠以对。

孩子有情绪开始哭闹时，父母不理睬孩子，甚至直接把孩子关进房间，由着孩子哭闹。孩子哭闹之后发现没有效果，于是就停止哭闹了。这时如果父母接下来及时干预，进行机会教育，通常也没问题。但如果孩子停止哭闹后，父母依然不理不管，冷漠以对，时间久了，孩子就觉得父母根本不爱我，内心会远离父母。也有的孩子比较小，被关进房间后，还会增加一种被抛弃的恐惧感。

第五种，讲大道理。

孩子哭闹发脾气，父母压根不在意孩子的诉求和心理感受，只顾着像《大话西游》里的唐僧一样絮絮叨叨，说个不停，给孩子讲他们以为的正确的"道理"：这样不对，那样不行，也不管孩子能不能听进去。最后孩子听够了，厌烦了，就放弃了期待，父母还以为自己讲的道理起了作用，一直乐此不疲。

这几种常见的应对方法我们可能都见过，偶尔可以解决问题，但是大部分时候解决不了问题，只是把事情压制住，或者拖过去了而已。

处理孩子情绪的策略与方法

事实上，处理孩子的情绪也是一个"技术活"，需要学习，更需要练习。尤其是父母如果调控自己情绪的能力都不足，想处理孩子的情绪，那更是难上加难。那么，该如何有效处理孩子的情绪呢？我们来看下面的四个步骤：

第一步：自我情绪管理

父母自己稳定且平和的态度非常重要。处理孩子的情绪之前，家长要先调控好自我情绪状态。有时候，孩子情绪没处理好，父母自己先失控了，那就是乱上加乱。

飞机起飞前都会有一句安全指示：当客舱发生紧急失压，氧气面罩脱落时，大人要先给自己戴好氧气面罩，然后再给孩子戴上……情绪处理也是这样，父母要先处理好自己的情绪，才能处理孩子的情绪。如果自己处于失控边缘时，要先停下来处理好自己的情绪，否则自己的理性认知功能会失调，孩子的情绪也会变得更糟糕。

第二步：接纳孩子的情绪

如果孩子有了情绪，父母总能平和地去接纳他们的情绪，孩子就会认识到有情绪是很正常的，可以坦然地面对它。父母的包容也会让他们的情绪趋于缓和。反过来讲，一旦孩子有了情绪，就会面对父母的呵斥打骂，那么孩子就只能强烈压抑自己的情绪，有一天压抑不住了，就可能出现更糟糕的结果。

第三步：处理孩子的情绪

当孩子情绪失控时，除了用语言安抚以外，身体抚触对于平复孩子的情绪也很有效。越小的孩子，身体的抚慰越能起到情绪调节的作用。就像婴儿，哭闹时你只要抱起来，轻轻地拍一拍、摇一摇就很有效。

如果孩子比较小，在语言功能不成熟的情况下，情绪激动时是没办法有效沟通的，他们也不具备足够的语言理解能力，但孩子的身体感觉很灵敏，你抱着他（她）轻轻拍着后背，让孩子感觉到被照顾、被关爱，他（她）的身体就可以慢慢放松，变得安静下来。

第四步：纠正不当的行为

孩子的情绪是对外界情境的本能反应，父母接纳孩子的情绪，是帮助孩子处理情绪的前提，但这并不代表我们要认可他（她）不恰当的行为。

比如，因为某个诉求没有得到满足，孩子就很生气，满地打滚。我们要把孩子愤怒的情绪和打滚的行为分开来看待。情绪处理完之后，我们要针对孩子的不当行为进行纠偏。

接下来通过一个例子，来梳理一下这几个步骤的做法。

我儿子大概两岁时，有一次我带他去一个室内游乐场玩，玩了大概两个小时，儿子浑身都被汗水湿透了，还是玩得很起劲儿，不愿意走。我说，儿子，已经是吃晚饭的时间了，我们必须要回家了。儿子很不乐意，当我很坚决地要带他离开时，他开始哭闹起来。

于是我蹲下来，一只手抚摸着他的后背，一只手放在他的后脑勺，轻声问他，儿子，你很不想离开，还想再多玩一会儿对吗？

这个过程中，我们就需要先调整好自己的状态，同时接纳孩子的情绪，也就是前面提到的第一步和第二步。

当时儿子一边哭一边点头，我就是不想走，我还想玩儿。

我说，我知道，你看这么好玩的地方，小朋友们都很喜欢。

儿子还是哭着说，嗯，我也喜欢，我不想走。

我说，是的，你很喜欢这里，现在要走了，你觉得伤心了，对吗？

> 儿子点点头说，是的。这个时候他的哭声已经慢慢停止了。
>
> 我说，爸爸刚才也玩得很开心，我也有点不想走，不过时间已经很晚了，我们必须得离开了。这样吧，爸爸答应你，下次周末我们还会来玩。你去和刚才一起玩的小姐姐说再见，告诉她下次再来一起玩，可以吗？
>
> 儿子点头，走过去和一起玩的小朋友说再见，然后我们一起离开了。

孩子在游乐场玩开心了，舍不得离开很正常，成年人不也是一样吗？假设你在看一场很想看的电影，正看到精彩处被人打断，想必你也会不高兴吧？你打游戏正起劲，太太让你去给孩子换尿不湿，让你去拖地，你当时又会是什么感觉？会不会有情绪？因此，父母也要能够换位思考，站在孩子的角度来理解和接纳他（她）的情绪。

我在跟儿子沟通过程中，很重要的一点是站在他的角度说出了他的想法和感受，当你能够说出孩子的感受时，孩子觉得被理解了，他（她）的情绪就容易平复，事情也更容易解决。

当然，孩子敢于且能够清晰表达自己的情绪，也是一种重要的能力，这种能力的培养我们在后面会分享。

就像前面我提到儿子离开游乐场时闹脾气，当时我蹲下来，一只手抚摸着他的后背，一只手轻轻放在他的后脑勺，这种做法会给孩子内心提供安全和稳定的支撑力量。

当孩子情绪不好的时候，父母用这个动作一般都会比较有效，这个过程中你在用自己的行为向孩子传递三条信号：

①我很温和，我会保护你；

②我很有力量，我能够保护你；

③在我面前，你是非常安全的。

这种信号的传递孩子能够用身体接收到，所以情绪就比较容易稳定下来。前提是，父母自己的情绪要平和，孩子看到你眼睛里放出的光是柔和的。

这就是第三步，处理孩子的情绪。

继续前面提到的例子。我儿子在游乐场不愿意离开，大声哭闹，经过疏导和沟通之后，儿子心情开始平静并且愿意回家了。在回家的路上，我继续跟儿子交流：下次再遇到这样的事情，我们还要不要哭闹？我们可不可以用其他的方法来解决类似的问题？一开始，我还担心儿子听不懂，后来发现我低估了孩子的能力，其实他心里都明白。

这就是第四步了，纠正不当的行为。

先处理情绪，再矫正行为，是帮助孩子成长的重要做法。情绪处理之后，和孩子一起商量解决问题的方法，规范孩子的不当行为。

03

情绪本身不是问题

别让"踢猫效应"在家里出现

生活中看似互不相干的事情，却可能有着某种内在的联系，你的一个小小举动不仅会影响自己，也会影响到周围的每一个人。尤其是情绪这个看不见摸不着的东西，如果处理不好，会有很强的传染性。

我们来看一个故事。

一家公司的老板，早上因为一件小事跟太太吵架，心情很糟糕，在路上还因为超速被交警开了罚单。老板怒气冲冲刚走进办公室，正好看到秘书犯了点小错，他就劈头盖脸把秘书臭骂一顿。

没多久销售经理拿一份文件交给秘书，让她转交给老总签字，结果不小心文件掉到地上，秘书一肚子火气，不由分说对着销售经理就大发雷霆。经理气呼呼回到办公室，对着一个下属提交的方案找茬，下属忙了半天，不但没有得到嘉奖，反而被上司处处挑刺，没事找事，心情也变得非常差。

下属下班回家，刚打开门，儿子就向他跑过来撒娇，下属正为白天的事恼火，就冲着儿子大声吼了起来。儿子被吼得满心委屈，忍不住就狠狠踢了猫一脚。这只可怜的小猫一痛，"喵"的一声惨叫从窗户逃了出去。

这个故事，就是心理学上的"踢猫效应"。

所谓踢猫效应，是指人遇到糟糕的事情时如果控制不住自己的情绪，就会把负面情绪发泄到其他对象身上，而且通常是比自己更加弱小的对象。负面情绪如果得不到及时有效的处理，在不断向下传递的过程中，会形成一个长长的链条，就像病毒一样扩散，被感染的人会越来越多。

我们每个人都可能是踢猫效应情绪传染链条中的一环，对于绝大多数人来说，负面情绪又确实很难控制，所以我们往往既充当了负面情绪的接收者，也充当了负面情绪的传递者。而在家庭中，处在情绪链低端的、最容易受伤的，很可能是最弱小、最无力反抗的孩子。

现实生活中，当一个弱者被欺压之后，往往他的怒气会释放给更弱者。有的人在外面受了气，因为不敢对抗那些给他（她）气受的人，就只能回家骂配偶、打孩子、摔东西，这也是踢猫效应的一种体现。

正如鲁迅先生的那句名言，"勇者愤怒，抽刀向更强者；怯者愤怒，抽刀向更弱者。"

费斯汀格法则的启示

与踢猫效应类似，美国社会心理学家费斯汀格（Festinger）提出的"费斯汀格法则"，也给我们处理情绪不当带来的一系列后果发出警醒。他认为，生活的 10% 由发生在你身上的事情组成，而另外的 90% 则是由你对所发生事情做出的反应决定。也就是说，10% 发生在我们身上的事情我们无法掌控，而另外的90% 却可以掌控。

费斯汀格举了一个例子。

卡斯丁早上起床洗漱时，随手将手表放在洗漱台边，妻子怕被水淋湿了，就拿过去放在餐桌上。可儿子吃早餐时，不小心将手表碰到地上摔坏了。

那是卡斯丁非常喜欢的一只表，他看到后臭骂了儿子一顿，然后黑着脸又吼了妻子一通。妻子觉得委屈，跟他解释说怕水把手表打湿了才拿到餐桌上的。卡斯丁却说他的手表防水，根本不怕打湿，妻子就是多管闲事。

于是，二人激烈地争吵起来。

一气之下，卡斯丁早餐都没吃，"嘭"的一声关上门，就开车去了公司，快到公司时突然想起来走得太匆忙，忘了拿公文包，又立刻转回家。

到家门口又想起他的钥匙放在公文包里，而这时妻子去上班了，儿子也上学去了，他进不了门，无奈之下只好打电话向妻子要钥匙。

妻子接到电话后慌慌张张地往家赶，不小心撞翻了路边的一个水果摊，摊主拉住她不让走，她不得不赔了一笔钱才脱身。

待卡斯丁拿到公文包再赶回公司后，已经迟到了好一会儿，挨了上司一顿严厉批评，卡斯丁的心情坏到了极点。而下班前因为一件小事，一整天心情都不好的卡斯丁又跟同事吵了一架。

而那一天，妻子也因为早上脱岗被扣除当月全勤奖。

巧的是，儿子这天参加棒球比赛，经过长时间的刻苦训练，原本夺冠

有望，却因早上被爸爸一通臭骂，心情不好，没能正常发挥，第一轮就被
淘汰出局了……

通过这个例子，我们会发现，在这一系列事情中，手表摔坏不过是其中的
10%，后面发生的种种事情就是另外的 90%。整个过程都是因为当事人在 10%
的事件发生后，没能很好地掌控后面那 90%，才导致了全家人"暗淡的一天"。

换一个场景，如果卡斯丁在那 10% 产生后，能够用更为理性的应对姿态，
比如，他抚慰儿子："不要紧，摔坏了我拿去修一下。不过，下次要注意哦！"
这样儿子就会放松下来，妻子也得到了理解和包容，他本身的心情也不算糟，
那么随后的一切就不会发生了。

可见在生活中，我们虽然控制不了前面的 10%，但完全可以通过自己的态
度与行为，来决定剩余的 90%。

结合这个故事，我们可以想想，是否生活中很多事情就是"费斯汀格法则"
的再现呢？

常会听到有人抱怨：孩子怎么就这么不争气？太太怎么就那么喜欢发牢骚？
怎么每天总有些不顺心的事缠着我？我也不想发火啊，可谁能让我轻松一点？

其实，能帮助自己的不是他人，而是自己。如果我们足够理解"踢猫效应"
和"费斯汀格法则"，带着平和稳定的态度去面对问题，很多麻烦会更容易迎
刃而解。

04

培养自我情绪管理的能力

你的情绪是孩子造成的吗

前面提到，可能父母从未教过我们该如何处理自己的情绪，如果我们没有学会，也很难去教自己的孩子处理情绪。很多人处理情绪的能力不够，一方面跟成长的家庭环境有关系，另一方面跟自己成长过程中的学习缺失有关系。

而情绪又是影响一个人行为状态的核心因素。不会处理情绪，就会造成很多人际关系上的障碍。尤其在亲子关系中，很多父母自己情绪一上来，就对着孩子一顿吼，甚至还会动手，家里一阵鸡飞狗跳后，还会怪罪到孩子头上：要不是你，我能气成这个样子吗？

你在公司辛苦工作了一天，拖着疲倦的身体回到家，却看到孩子在看电视，作业还没做，你很可能会对孩子怒气冲冲。

就像下面的图示，我们往往会把自己情绪的来源归结为对方言行的影响。对方或者外界产生了一个诱发性事件 A(Activating events)，我就产生了相应的情绪及行为 (Consequences)，看起来我的情绪的确跟对方有关系。

可是孩子学习不认真,你一定会产生愤怒的情绪吗?其实未必。也许换个人,面对同样的场景,也许就不是你这副样子了。那么,人的情绪是如何产生的呢?

读懂情绪的来源

我们先了解一个理论,再借由这个理论来看看我们面对一件事情的情绪是如何产生的。

美国临床心理学家阿尔伯特·艾利斯 (Albert Ellis) 曾提出"情绪 ABC 理论",在这个理论中,我们认为诱发性事件 A 只是引发情绪和行为后果 C 的间接原因,而引起行为后果 C 的直接原因,则是个体对诱发性事件 A 的认知和评价而产生的信念 B。也就是说,人的负面情绪和行为后果(C),并非由诱发性事件(A)直接引发,而是由相关个体对它的认知和评价所产生的信念(B)直接引起的。就如下图所示。

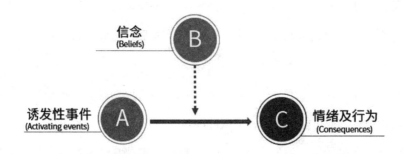

艾利斯认为,由于我们常有的一些不合理的信念,才使我们产生情绪困扰。如果这些不合理的信念长期存在,久而久之,还会引起情绪障碍。

如图中，A 指事情的前因，C 指事情的后果，有前因必有后果，但是有同样的前因 A，却有可能会产生不一样的后果 C。这是因为从前因到后果之间，需要透过 B，B 就是信念和我们对情境的评价与解释。

因此，情绪发生的一切根源缘于我们的信念，信念是指人们对事件的想法，解释和评价等。

比如，我这两天对孩子很生气，因为他最近老是看电视，学习不认真。那么，结合这件生活中的小事情，我们运用埃利斯的 ABC 理论来分析一下。

这件事情的事实 A 是孩子老是看电视，我的信念是他对学习很不认真，因此我会产生的情绪很可能就是生气。

那么，我们来设想几种可能性。

可能性 1：我认为孩子前阵子学习任务繁重，每天都做作业到很晚，学习需要张弛有度，这两天他想看电视，也没问题，孩子需要放松一下。如果我们对孩子的行为表示理解，这时我们的情绪就会比较平和。

可能性 2：我有点好奇：他在看什么频道，什么节目让他如此有兴趣？他正在看的是体育频道的足球比赛，我要不要培养孩子在这方面的兴趣特长？如果这么想，也许我们的情绪会开心起来。

可能性 3：自我检讨：看电视不能全怪孩子，我这人就喜欢看电视，每天回家都看电视到很晚，孩子现在爱看电视是因为我的影响，这时的情绪可能是自责。

可能性 4：自我反思：别的家长经常带孩子去迪士尼、去公园、去很多地方旅游，他们都在很用心地陪伴孩子。而我们平时工作繁忙，既没好好陪过孩子，也没关注过孩子的需求，孩子也只能看电视。这时我们可能会心疼孩子，觉得亏欠了孩子，情绪也许变成了内疚。

从上面几个可能性分析中，我们注意到，事实 A 作为客观存在，未曾变化，而我们的情绪感受 C 是变化的，这种变化就是基于我们对这个事情信念 B 的变化而变化。

由此我们要有一个觉察：一个事实发生后，我们会有不止一种想法，而每种想法对应一种情绪，所以情绪的来源由我们面对事情的想法决定，而非对方的言行或外界环境的变化。对方的言行或外界环境的变化，我们可以称之为外因或诱因，但这并不是让你产生某种情绪的必然原因。

因此，阿尔伯特·艾利斯说，"人不是为事情困扰着，而是被对事情的看法困扰着。"你对孩子的很多情绪，也是你对孩子行为的看法引发的，而不是那个行为本身。

05

学会表达情绪是一项重要的能力

让孩子学会表达自己的情绪

从我儿子小时候起，我和太太就开始着意培养他表达情绪的能力。孩子很小的时候，最常用的表达形式是哭闹，不舒服就会哭闹，而不舒服的原因有很多，除了生理因素外，还有诸如难过、愤怒、伤心、恐惧、失望、惊吓、委屈、紧张等等，这些情绪都会让孩子哭闹，而父母不知道孩子因什么而哭的时候，就很难进行处理。甚至哭得自己心烦意乱时，自己情绪也会爆发，本来只是孩子一个人的坏心情，最后变成了一家人的坏心情。

儿子小时候，太太每晚睡前会给他读一些绘本，读到故事中的某个场景，我们就会讨论，这样小白兔应该会很伤心吧？这样大灰狼应该会很兴奋吧？这样小恐龙应该会很害怕吧？这样狐狸应该很得意吧？这样乌龟应该会很失望吧……我们经常在各种场景中设想某个角色可能产生的情绪，这样儿子在认知和表达情绪方面的能力就慢慢培养起来了。

如果他遇到一件事情不如意哭闹起来，我会问他，儿子，爸爸注意到你心情不好，可以告诉我你的感觉吗？我们会尝试着跟儿子找到引发他哭闹的这种情绪。

他可能会说，我想买那个小汽车，可是妈妈不同意，我有点生气；

他可能会说，刚才爸爸说是我把书桌上的书扔到地上的，其实我没有，他冤枉了我，我很难过；

他可能会边哭边说，我养的蚕宝宝死掉了，我很伤心，我舍不得它，呜呜呜呜。

当孩子能够把自己的情绪感受表达清楚，父母会更容易理解孩子的需要，也更容易针对性地进行处理。

表达出孩子的情绪

在生活中我们会注意到，孩子在哭闹的时候，如果你说出了引发他（她）哭闹的情绪，你会发现很明显的调节效果。

有一次，我作为家长志愿者在幼儿园门口执勤，维护孩子们入园和家长接送的秩序。

一个小班的孩子走进学校大门后，就一直哭闹，怎么都不愿往里走，孩子妈妈就站在门外不停地催促：快进去呀，别哭了，快进去！孩子还是哭着不愿意往里走，我就走过去，蹲在孩子面前握着他的小手，问他：宝贝，你舍不得爸爸妈妈是吗？他边哭边点点头。所以你有点伤心对不对，他说嗯，哭声就小了。

我把一只手轻轻放在他的后背，跟他说，宝贝你知道吗，幼儿园的老师们都非常好，他们很爱你，会保护你，你的同学会陪你一起玩，你在幼儿园会度过非常开心的一天。等到下午，妈妈就会来接你开开心心地回家。你说好吗？孩子点点头，停止了哭泣，我就牵着他的手走进去。

我经常能体会到，当孩子在哭闹时，你表达出孩子的情绪后，他（她）的情绪就容易慢慢平静下来，这应该就是理解和包容的力量吧。

有一次我去接儿子放学，每次放学后他都会在幼儿园附近的广场跟小朋友们玩一会儿。刚好那天广场上有个少儿机构的课程顾问在发气球，顺便让家长填个表，收集一些小朋友的信息来做招生储备。

那个课程顾问给每个孩子发气球，发到一个小女孩时刚好红色的气球没了，而那个小女孩就坚持要一个红色的气球，别的小朋友又不肯跟她换，于是她就开始跳脚、哭闹。小女孩的奶奶在一旁束手无策，想拉着小女孩离开，可小女孩就是不愿意走，一直喊"我就要红色的气球，我就要红色的气球！"那个课程顾问也有点尴尬，拿着一把气球有点不知所措。

那个小女孩刚好是我儿子的同班同学，我就走过去，蹲在小女孩面前，问她："你喜欢的红色气球没有了，你是不是有点失望啊？"

小女孩哭着说，"我气，我气，我就是要红色的气球！"

我就说，"是啊，要是我喜欢的蓝色气球没有了，我也会很生气，说不定我比你还要气呢。"小女孩看着我，情绪有些平复了。

我说，"你知道我为什么喜欢蓝色的气球吗？"

小女孩摇摇头，说不知道。

我说，"那是因为天空是蓝色的，你抬头看看天空，蓝天上还有白云，还会有小鸟飞过，也会有飞机飞过。蓝天又大又漂亮，这个颜色叔叔最喜欢了！你是不是也很喜欢呀？"小女孩点点头。

我就从那个课程顾问手里拿过一个蓝色的气球，交到小女孩的手上，说，"叔叔把自己最喜欢的蓝色气球送给你，希望你也喜欢，好吗？"

小女孩接过气球，开心地点点头，然后就跑去跟小朋友一起玩了。

这个过程中我认为最重要的一步就是先认同小女孩的情绪，当"很生气"这种情绪被表达出来，然后得到别人的认可之后，后面的问题就很好解决了。

事实上，如果成年人陷在某一种情绪里，别人能够把我们的情绪说出来，同样也会有效果。

如果你现在陷入一种悲伤的情绪中，你的好朋友站在你旁边说，"我知道你现在一定很伤心……"你就会觉得被理解了。如果丈夫不小心惹恼了太太，然后带着歉意说，"我要是你，我也会很生气……"你会发现对方原本可能持续下去的情绪，就会缓和，事情也更容易解决，那是因为对方的情绪被关注到并被表达出来后，就会得到一定程度的释放。

06

情商的培养比智商更重要

你认为什么是情商

有些孩子在学校里可能考试成绩不错，但走向社会以后，在实际工作和生活中却表现出一定的问题，自理能力、人际交往、独立思考和处理问题等方面常常捉襟见肘。

"情商之父"丹尼尔·戈尔曼（Daniel Goleman）曾提出，一个人的人生成就会遵循80/20法则，其中情商占一个人成就要素的80%，而智商只占20%。甚至有人说，情商是人生发展的一项核心竞争力。如果说智商是走向职场的"敲门砖"，那么情商就是在这个复杂的社会行走的"通行证"。因此，培养孩子的情商也是家庭教育的重要一课。

到底什么是情商呢？

> 我有一次讲课，现场提了个问题：你们觉得什么样的人是高情商的人？

在场很多学员都积极踊跃地回应：

"会说话的人情商就比较高。"

"高情商的人能够换位思考，站在别人的角度考虑。"

"能够顾及别人感受的人。"

"会察言观色，左右逢源的人。"

"能见人说人话，见鬼说鬼话的人。"

"能够自嘲的人。"

……

各种答案都有，不可否认，他们的答案跟情商有一定的关联，但并不全面。在丹尼尔·戈尔曼的研究中，他把人的情商归纳为 5 个部分：

1. 认识自己的情绪

我们在接收外界信息时，自己出现了哪些情绪，这种觉察能力很重要，也是管理情绪的前提。无法了解和识别自己的情绪，不能掌握自己感觉的人，就很容易失控，沦为情绪的奴隶，只有掌握自己感觉和情绪的人，才可以掌握未来的生活。

2. 管理自己的情绪

在遇到挫折时，能及时调整自己的状态，有压力时也会寻找方法自我放松，能够自我欣赏，可以快速调整好状态继续前进；而缺乏管理自我情绪能力的人，很容易陷入各种情绪旋涡，低落，愤怒，焦虑，而这也是因为他们在"认识自己的情绪"方面还不够，无法深刻了解自己的感觉并掌握它。

3. 有效的自我推动

可以很好地克制自己的冲动，即使带着负面的情绪，也能把注意力集中在自己的任务和目标上，而且不会轻易迁怒于人，影响他人状态。因此善于自我推动的人，成功的概率会比一般人高，因为相对一般人来讲，他的情绪更稳定，做事效率和产出也更高。

4. 认知他人的情绪

简单讲，是能够让他人感觉舒服。所谓"己所不欲，勿施于人"，认知和理解他人的情绪，首先要有同理心，学会换位思考，而这种人因为善于捕捉他人情绪和需求，能够很好地配合与调节别人的情绪状态，因此更容易得到别人的认可，人际关系和工作方面也会比较出色。

5. 人际关系管理

人际关系管理的好坏，是一个人情商高低的具体体现。如果一个人能够在各种复杂的关系里和他人融洽相处，就是高情商的表现。新加入一个团队后，能和他人建立良好的互动关系，有效协作，达成目标，这样的人在事业成就和人生发展上都会很优异。

这五部分都具备，就是高情商的体现。在学校里每次都能考高分的"好学生"，来到社会上未必能够一如既往地优秀下去，可能跟情商的局限有关联。

家庭是孩子情商的发源地

如果说学校是让孩子积累知识的地方，那么家庭就是孩子熏陶情商的道场。

这也是我觉得家庭的亲子教育中，要把情商摆在重要位置的原因。但是如何培养孩子的情商？这也是我一直在思考的问题，以下的几点我觉得对于孩子情商的培养应该会有帮助。

1. 父母自身的情商修炼

想要孩子有高情商，父母首先要注重自身的情商修炼，多学习。让孩子在家庭中可以潜移默化地学到父母沟通和处理问题的方式。经常发脾气或者经常吵架的父母，时间久了，孩子遇到问题了他（她）也只会像父母那样以吼叫、发怒的方式去解决，无法管理好自己的情绪。

2. 懂得换位思考

情商低的孩子有一个明显的特点，就是缺乏同理心，很少站在他人的角度考虑问题。如果父母溺爱孩子，以孩子为中心，孩子就会变得自私自利，不会为别人考虑，不利于同理心的培养。

有一次，幼儿园老师跟我说，班里有个小朋友摔倒了，我儿子在一旁偷笑。回到家我和儿子聊了前因后果，虽然我理解他并无恶意，但这样的行为也很不妥。于是，我和儿子一起假设了各种场景，比如小朋友摔倒了、小朋友抢他的玩具了、小朋友被大家孤立了、小朋友找不到爸爸妈妈了、小朋友无意推到他了、小朋友不知道为什么哭了……面对这些场景，我们用心去感受后，再决定用什么样的态度去面对，以及什么样的行为是恰当的行为。慢慢地，我发现他这方面就有进步了。

3. 懂礼貌，会表达感谢

在与别人相处时，学会表达感谢，释放善意，这些做法能够让孩子和别人处好关系。

很多时候，孩子不是没礼貌，而是不知如何表达。比如，接、递物品时要用双手，接受别人帮助时要看着别人的眼睛说"谢谢"。这些行为方式，如果父母不提醒或者让孩子练习，孩子很难通过自己的体悟去快速学习。和别人交往时，懂礼貌和表达谢意，是让对方舒服和被别人接纳的重要做法。

4. 培养自信状态

让孩子阳光自信、充满活力，见人能够声音响亮地打招呼，可以快速建立良好的人际关系。当然这也和孩子的性格有关，我儿子一开始有些不够主动，好在我和太太只是引导，从不强迫，我们见到别人会先主动打招呼问好，慢慢地他觉得这是件很自然的事情，也就能做到了。

如果你的孩子性格比较内向，不要急于求成，想让孩子做到的，自己多示范，多鼓励，多影响，而不是命令和强迫，孩子慢慢会发生改变的。

5. 学会赞美他人

赞美分两方面来看。一方面是对自己孩子好的行为进行欣赏，另一方面是多在孩子面前去赞美别人。

一个经常被挑剔，很少获得父母赞美的孩子，以后他（她）看待别人的眼光很可能也是挑剔的。与此同时，如果父母从来都不会去赞美别人，甚至经常挖苦取笑别人，孩子学会的只能是如何取笑别人，这样的孩子在群体中是不受欢迎的。

最后，建议父母多带孩子参加社交活动或外出游玩。有些父母闲了就喜欢宅在家，看电视打游戏，而孩子自然也只能宅在家里，孩子只能接触到父母，没办法接触到更多的人、事、物，其交际能力和沟通能力自然会受到影响。

07

当我们谈论养孩子时我们谈些什么

我们是在养孩子，而不是其他

我太太曾经买过一本书，是日本后现代主义作家村上春树创作的散文集，叫《当我谈跑步时我谈些什么》。这也是村上春树第一本只写自己的书，讲的是他怎样通过跑步去悟道的感觉，在这个过程中，跑步不只是锻炼出一个作家的身体、精神和意志，还让他悟出了一个人之所以为人的境界。

中国网对这本书的评价是，"当我们谈论跑步时，其实谈论的是一种生活方式和一种观念，它可以让人更好地应对生活，更好地去思考自己想要、需要和追逐的究竟是什么。"

基于同样的思路，我们来看一看，当我们谈论养孩子时，我们谈些什么。

很早以前，我看过一个故事。

> 一位父亲正挥着铁锹打理他的小花坛，那里种着他最喜欢的花，其中不乏名贵的品种。就在此时，他三岁的儿子晃晃悠悠把一碗滚烫的肉汤倒

进了其中的一个花盆里，而这盆名贵的花，是这个酷爱花草的爸爸费尽心思从友人那里淘来的。

爸爸回头看到这个场景简直怒不可遏，怒气冲冲地抄起一个衣架冲过来，儿子吓得缩在墙角哇哇大哭。就在这时，妈妈冲上去拉住了爸爸，她急速而又冷静地说："你别忘了，我们是在养孩子，而不是养花！"

爸爸听完愣了一下，举起衣架的手慢慢垂了下去。

妈妈的这句话，是在坚定地提醒爸爸：孩子和花，到底哪个更重要？何况在没有弄清楚孩子这么做的原因之前，就粗暴地动手，是不是说明孩子的快乐和自尊，还不如那盆花重要呢？

妈妈走到孩子面前蹲下来，帮他擦干眼泪，然后轻声地问："孩子，你为什么要把肉汤倒在花盆里啊？"小男孩抽泣着说："奶奶说肉汤有营养，多喝肉汤会长高，我想让花长得更高……"妈妈听完之后，看着孩子，心里充满感动。孩子的世界纯真而又善良，但孩子热爱花草的一颗童心，差点儿就被爸爸手里的衣架扼杀了。

这是一位很有智慧的妈妈，她深知自己要的是什么，她也非常清楚，一个身心健康的孩子，跟一盆名贵的花儿相比，哪一个更重要。

再来看一个故事。

一个爸爸终于买到了他梦寐以求的新款宝马。他实在是喜欢，没事就会围着车子转一转，看一看。

这一天，他正在悉心地擦着自己的爱车，没想到儿子偷偷在车的另一侧用钉子划了很多痕迹，有些地方还露出了底漆。这个爸爸气坏了，情急之下，抡起扳手就冲着孩子的手砸过去，孩子痛得大声哭嚷起来。

爸爸愤怒之余又有些懊悔，赶紧抱着孩子来到医院，检查发现孩子的一根手指竟然被砸骨裂了，治疗包扎完之后，他心情低落地带着孩子回家了。

趁孩子睡着了，他又来到了车子边去查验划痕，这时他才赫然发现车身上歪歪扭扭地写着几个字：爸爸我爱你。

如何看待孩子犯错

孩子很小，他（她）对父母的爱是无条件的。而父母对孩子的爱往往会带着附加的条件：你要乖，你要懂事，你不能给我添麻烦。

孩子从小到大会犯很多错误，他们会不小心打破杯子，弄翻碗筷，把家里弄得乱七八糟等等。我相信很多父母对孩子类似的行为都有不满和愤怒，这时我们该如何面对，如何处理呢？再把孩子教训一顿，除了在那颗稚嫩纯净的心灵上添一道伤，也并无其他的意义。

如果说孩子真的有什么错，那就是跟我们比，他们还太小，缺乏生活的经验，考虑事情没那么周全。可是孩子的脑袋里有很多创意和想法，身上有无穷的活力，不正是通过我们眼中的"破坏性"和"捣乱"体现出来的吗？至于丰富的生活经验和周全的思考能力，我们小时候也不具备啊，谁不是在一次次犯错的体验中学到的呢？

美国作家雷蒙德·卡佛（Raymond Carver）也著有一篇短篇小说，叫《当我们谈论爱情时我们在谈论什么》，就如村上春树的《当我谈跑步时我谈些什么》，他们从一个看似简单，同时又尽人皆知的话题切入，深入浅出地道出自己对爱情、爱好、事业、人生的领悟。

其实，养孩子这样的人生话题，大到培养孩子的世界观，小到逗孩子牙牙学语，同样需要我们对它有深入的思考或者独特的体悟。我们要穿过孩子的种种行为带给你的各种情绪，去思考一个本质问题：你希望孩子成为怎样的一个人？

我们要清楚，一个从来不曾犯错的孩子，是无法真正长大的，他（她）会一直缩在一个内心以为安全的"壳"里，没有勇气探索外界。孩子的世界过于狭小，他（她）只能通过"犯错"这个桥梁去探索更为广阔的世界。我们尽量在孩子的能力范围之内，去引导孩子正确看待自己的不足，教会他们去掌握某些技能，锻炼他们动手的能力，给孩子创造机会去练习和实践，让他们在错误中成长。

如果动不动就指责孩子笨，批评孩子做事情慢，甚至把责任都推给孩子，孩子的自主性和创造性就会被抑制，很难发展出来。

培养孩子，是一种需要耐心和智慧的修行。

08

别让期待成为孩子前进的包袱

认清期待背后的真实需求

中国有句老话，叫"望子成龙，望女成凤"，这是父母对孩子的美好期待。但是，很多父母高期待的背后，都可能有让孩子回忆起来伤心难过的故事。

有人说，我让孩子读书好，会各种才艺，不是为了孩子好吗？还真不一定，也许表面看起来是为了孩子，但深层需求是为了自己。有些父母希望孩子更懂事、更聪明、成绩更好，或者会跳舞、会唱歌、会弹琴，其实很大程度上是为了在亲朋好友面前炫耀，满足自己的虚荣心。

我们知道，不少父母对孩子的期待是来源于比较。

孩子考了98分，高高兴兴地回到家里："爸爸，你看我这次考了98分。"满心期待能得到父母的表扬，但爸爸嘴一撇，"98分就把你高兴成这样？人家隔壁小明这次考的是满分。"孩子的满心欢喜被浇了一盆冷水。

孩子下次考了100分，心想这次总归会让父母高兴了吧。回到家，妈妈正坐在沙发上严阵以待："你这次考了多少分？""100分呀。"孩子期待着妈妈的表扬。然而妈妈并不高兴，"你才得了一个100分就高兴成这样？我刚才听说了，这次小明可是得了两个100分！"

这也许是很多人从小就"讨厌"邻居家孩子的原因，好像隔壁小明生来就是跟你作对的。

很多时候，邻居家孩子其实并没有那么优秀，但是在父母口中，那就是个完美无缺的神童。

要知道，比较是孩子痛苦的来源。

前面提到，一些父母对孩子严格要求是为了自己的虚荣心，更深一点说，是为了自己的"安全感"。

那些把"我为了你好""我是为了你未来的发展""为了你将来的幸福我才这样逼你"挂在嘴边的父母，也可以思考一下，如果孩子跟你说，"爸爸妈妈，即使我的成绩不好，我也觉得我的人生很快乐"，你能接受吗？孩子说"我就喜欢淡泊明志，回归田园"，你能接受吗？孩子说"我想透彻了，我目前就是喜欢一个人生活，不想在35岁之前结婚"，你能接受吗？如果孩子跟你说，"我不想找那么好的工作，拿太高的薪水，我觉得钱够花就行了"，你能接受吗？

如果你真的爱孩子，你应该在尊重他（她）人格的基础上，不横加干涉他（她）的选择和爱好。作为父母，可以提供自己的经验，分享自己的想法，引导孩子的思路，让孩子看到他们还看不到的可能性。但是，不要用强硬的手段一定让孩子走那条你规划的路，那只是你想过的人生，不是孩子的。

如何把期待转化为动力

如果你的孩子平时成绩还不错，但这次考试只考了 58 分，你将用什么样的态度面对这件事情？

我相信不同的家长会有不同的情绪，比如大部分可能会抑制不住地生气、愤怒、失望、难过、抓狂……只是，不知道会不会有理解和平静。

你又会采取什么样的方式去处理这件事情？可能很多家长会质疑、指责、咆哮、打骂……只是，不知道会不会有安慰和鼓励。

我们有没有想过，这时，孩子需要的是什么呢？我相信他（她）拿到这个分数的时候，已经很难过了，甚至回家的步子都迈得比平时沉重。但带着这样的心情回到家里，又被父母一阵狂风暴雨般地摧残。这不是双重的伤害吗？

这种互动模式一旦建立起来，我相信孩子只要没考好，他（她）首先不会去思考下一次如何考得更好，而是要先考虑如何承受父母狂风暴雨般的惩罚。随之而来的，他（她）可能会找理由为自己开脱，甚至会用撒谎来欺骗父母，就像有的孩子会偷偷在成绩报告单上做手脚，把 38 分改成 88 分，这样的结果肯定不是父母想要的，却是父母间接造成的。

那么，这样的事情出现了，父母该如何去面对和处理呢？

1. 正确看待自己对孩子的期待

我相信很多父母在面对这种事情时，肯定是有情绪的。父母这时如果想保持清醒，就先问自己两个问题：

第一，考了这么点分，我还爱他（她）吗？如果答案依然是爱，那么就告诉自己，我的孩子这次没考好，我依然爱他（她），无论我的孩子怎么样我都爱他（她）。那么，相信你的情绪问题就解决一半了。

第二，当下是解决事情重要，还是发泄情绪重要？如果你的理智告诉你，是解决事情重要，那就思考接下来如何跟孩子沟通，才能更好地解决问题。但坦白讲，很多父母发泄情绪的时候已经忘记要解决的问题了。

2. 引导孩子关注正面的结果

自己和孩子要接受并保持58分，在这个基础上才可以不断地增加。换个角度想，如果没有这58分，那么其他的分数全部都拿到也依然是不及格。

我们太容易否定孩子，其结果只会把焦点都放在没有得到的部分，对已经取得的成绩视而不见。这是压力的来源，也是心理容易失衡的原因。我们要多看到已经取得的部分，多和孩子进行正向沟通，这样才会给孩子增加动力，让孩子敢于面对挫折和失败。

当然，允许自己有情绪，情绪的产生也代表着你对孩子的关切，但要学会调节情绪，让自己修炼一种能力——带着情绪也能好好说话。

3. 让孩子与自己比

孩子有不足之处很正常，但最怕的就是父母总是拿别人的优点来对比孩子的不足之处。

千万不要跟孩子说，你看别人都能考90分、100分，为什么就你不及格？正如你自己所说，那毕竟是别人的孩子。科学研究发现，遗传对智商的影响约占50%~60%，万一正是这50%~60%的影响因素造成孩子不及格呢？这当然是个玩笑话。但无论如何，要引导孩子多跟自己比较，孩子在不断地超越自我中获得的肯定会带给孩子诸多益处。

父母要注意自己的语言模式，不要总是拿"别人家的孩子"来刺激自己的孩子。

正如阿德勒所说，"孩子的成绩报告应该被我们当作他们目前心理状况的一种反映。这些成绩报告不仅能反映他所取得的分数，还能反映出他的智力、兴趣和专注能力……应该将这两种测试的重点放在揭示儿童的心理上，而非记录下一堆没有实际意义的事实"。仔细读读这段话，也许会给我们一点儿启发。

09

不吼不叫完成作业的秘密

陪作业是很多父母的痛

2019 年 3 月的全国两会上，就有人大代表提出，现代职业女性痛点之一就是——陪娃写作业。

孩子上学前，很多妈妈看自己的孩子怎么看都是天使，总觉得满心的爱无处施展，浑身洋溢着母性的光辉，看到孩子嘴角就不自觉地上扬。可一旦孩子进入学校，开始辅导作业之旅，之前的一切美好感受都成了梦幻泡影。

很多曾经立志要做一名温柔体贴、慈爱和善、理解孩子、和孩子心连心成为好朋友的妈妈，一旦掉进了辅导作业这个坑，就立刻从温柔的慈母变成了一个可怕的巫婆。

正所谓"不写作业，母慈子孝，一写作业，鸡飞狗跳"。

很多陪读的妈妈，原本在职场上也是一名精英，她们有很高的职业素养，专业能力突出，情商也很不错，沟通能力良好，复杂的人际关系可以轻松化解，谈笑间能搞定很多复杂的项目，面对难缠的客户也能做到云淡风轻。可是，当她们从工作职场转战到家里的书桌，面对自己的孩子，云淡风轻就变成了"河东狮吼"。这是我培训了很多企业，和不少职场女性打交道的体会。

可是，陪伴孩子写作业，真的必须像渡劫一样吗？

怎么才能不吼不叫完成作业

就完成作业这件事情来讲，一个非常重要的影响因素就是"主动习惯"的养成。很多家长痛苦，不是因为孩子的智力发育有问题，而是因为孩子做作业时主动性差，比较磨蹭，或者容易分心，专注力不够，习惯不好等。

需要明确的是，今天孩子让你操心的这个表现只是结果，而起因在孩子更小的时候就已经种下了。

在埃里克森"人格渐成论"的八个阶段心理社会演变中，第三个阶段的核心任务如果培养好了，孩子做作业的问题很大程度上就解决了。

第三阶段被称作学龄初期，3～6岁这个阶段。这一阶段的关键词是"主动性对内疚感"的冲突。在这一时期，如果孩子的主动探究行为能得到父母的鼓励，就会开始形成主动性，这为他（她）将来成为一个有责任感、有创造力的人奠定了重要的基础。

要想让孩子在进入小学后主动、积极地完成作业，作为父母，在这一阶段要着重做好以下三件事情：

1. 发现和鼓励孩子的主动性

这一阶段的孩子对大人的很多行为会很好奇，也喜欢模仿。比如有的孩子会偷偷穿上妈妈的高跟鞋，涂抹妈妈的口红。父母在做家务的时候，他们会争抢扫地的工具让自己来，看到父母去洗碗也吵着要去做……这些都是非常主动的行为表现。因此，父母要多多鼓励孩子的这方面行为，不管做得好不好，都要多肯定，多欣赏。

有些父母因为心疼孩子或担心孩子做不好，也有的父母觉得做这些事情浪费时间，还不如让孩子多学习，就阻止孩子。其实，孩子生活中的主动性是会迁移到学习方面的，对学习有利无害。

2. 培养孩子良好的行为习惯

养成良好的行为习惯是这个阶段的重要任务。从幼儿园放学回来，先做什么事情，再做什么事情，要有计划，开始初步培养孩子时间管理的意识和能力，让孩子形成一个相对稳定的行为习惯。

儿子进入幼儿园中班后，我们开始慢慢培养他的习惯。放学回家后吃饭、练钢琴、读绘本、玩玩具、洗漱睡觉等，都有比较明确的时间节点，没有特殊情况，每天都按照这样的规律，他慢慢就有了时间管理的意识和能力。到了小学，我们把计划做了些调整。按照计划，每天放学他都会先主动完成作业，再练钢琴，然后再根据计划做其他事情，我们很少因为做作业发生冲突。

3. 立规矩，矫正不当行为

现在社会上常有人提到"熊孩子"这个说法，而"熊孩子"基本上是在3~6岁期间形成的。这期间的孩子有主动性，好奇心强，愿意尝试很多东西，可是有些尝试未必是恰当的。因此，父母在鼓励孩子主动性的同时，也要让孩子懂规矩，有界限，有行为不当的表现时，要及时、严肃地阻止和矫正。

如果在孩子3~6岁这个阶段，作为父母能做好以上三点，通常而言，孩子的言行不会有太多问题，学习习惯和状态也不会差，因此在进入小学后，父母陪伴辅导作业时通常也不用过多操心。

4. 高质量陪伴，温柔地坚持

如果孩子在3~6岁期间没有培养出主动性和良好的习惯，那该怎么办呢？那可能需要父母花费更多的精力了，毕竟错过了最佳教育引导的时间窗口，有些代价就需要承担。

如果孩子已经大了，做作业过程中还有问题，就需要父母高质量的陪伴。父母要抽出整段时间陪孩子一起完成作业，进行适当的提醒、监督和引导。当孩子习惯有所改善之后，父母就不需要一直盯着孩子了，就可以坐在孩子旁边看书，或者处理一些其他事情。

在这个过程中，父母一定要保持"温柔地坚持"这种态度，在孩子身边不要玩手机，不要总是走动，更不要大吼大叫。当孩子有进步时，父母要及时肯定孩子，让孩子养成勤奋感。这个过程虽然需要父母付出很多时间和精力，但对于孩子成长而言，这非常必要。

10

有一种爱叫你以为那是爱

没有选择的爱只能叫操控

有一次，一个朋友和我聊天，他自己经营一家企业，家境还可以，孩子刚刚考上了国外的一所大学。他说自从孩子上了高中，就开始不愿意和他交流。考大学时，他们让孩子去国外读大学，可孩子非要报国内的大学。他发表了自己对国外和国内教育的看法后，最终的结论是在国外念大学一定比国内好，出于对孩子长远发展的考虑，一定要去国外念书。

当然，孩子最后也是胳膊没拧过大腿，屈从于父亲帮他做的选择，去了国外念书，而且读的就是爸爸希望的企业管理专业，说毕业了正好回来经营自己的家族企业，但孩子一直想学的专业是艺术设计。

他对孩子的反抗不能理解，"艺术设计有什么好？将来能赚到钱吗？他去学艺术设计，以后我的公司交给谁打理？"他补充了一句："他不想去国外读书，还不是因为他喜欢的那个女孩子，在我看来他俩明显成不了的。"

　　最后他有些无奈地对我说："孩子说我一点儿都不爱他，真是一番好心被当成了驴肝肺！我们替他安排好了一切，让他少吃苦，少走弯路，付出了这么多，难道不是爱他吗？"

　　我想说，还真不是，你连让孩子自己做选择的权利都不给他，何谈爱呢？

　　在家庭教育里，不少家长有一个传统的思维模式，也是一种很普遍的现象，那就是只要我是为你好，你就要听我的。其实这不是爱，这是以爱之名的绑架。

　　我们也常会看到，有些妈妈的确为了孩子付出很多，甚至每天从早到晚都在围着孩子转，她们愿意为孩子付出一切，似乎在为孩子而活。那她就是真的爱孩子吗？她很可能不是爱孩子、为了孩子好，她只是为了坚持"做一个好妈妈，就应该这样做"的信念，她觉得不这么做就不是一个好妈妈，只是满足自己对于做个所谓"好妈妈"的执念而已。至于孩子喜不喜欢这样的爱，孩子自己想要什么，孩子开不开心，在她的眼里并不重要，她用自己的方式为孩子好，认为这就是爱孩子。但孩子也许根本不想要这样的"爱"，他（她）也许想要的就是你离他（她）远一点，少干涉他（她）一点。

　　我们往往执着于"道理"是否正确，却全然不顾这样做的意义和效果是什么。我们往往觉得做丈夫、做妻子、做父亲、做母亲就"应该"这样做，而事实上这只是站在自己立场上的一厢情愿，对方未必有这样的需求。人际关系中，并不是你付出越多，对方就越开心，越感激的。

　　在中国很普遍的一个现象，我对你好，就足以说明我是爱你的，你就不能辜负我的爱，即使你的爱对方不需要，或者对方压根儿就不喜欢。当对方不接受的时候，反而自己会委屈，会不满，殊不知，那只是你用了你以为好的方式对别人而已。

不能把"爱"当作操控对方的工具。

如何看待父母给孩子的爱

小时候，父母说家里什么事情你都不用管，不用操心，只管考个好成绩；孩子考大学了，父母就给孩子"出谋划策"：你要报考师范专业，以后就业有保障；你要考医学院，医生是个铁饭碗；你要考……反正要考的只是父母喜欢的专业，而不是孩子喜欢的。孩子大学毕业了，父母就想着操控孩子的就业。很多父母总会用自己有限的认知去权衡孩子职业的利弊，并提出自己"中肯"的意见。这个过程中，父母会对孩子软硬兼施，威逼利诱，很多听话的"乖孩子"就服从了父母的意愿。

有人会说父母也是为孩子好啊，仔细分析这背后，得出来的结论可能是父母隐藏的自私：有的父母是把自己未能实现的理想寄托在孩子身上，让孩子帮他实现；有的父母就是为了通过操控孩子去展现自己的那份权威；有的父母是离不开孩子或是担心自己老了以后无人照料，把子女留在身边，求得一份心安……透过层层"爱"的面纱和包装，你看到问题的本质后，何尝不是如此呢？

随着孩子的年龄越来越大，他们慢慢觉醒了，发现活的并不是自己想要的人生，自己的人生轨迹都是父母设计好的，更像是为自己的父母或者说为父母的期待而活。到了这个时候该怎么办呢？

人生是不可逆的，不能为自己而活，该有多么悲哀。

因此，在孩子小时候，培养他（她）独立思考、分析和解决问题的能力，以及自己照顾自己的能力，到了孩子想飞的时候，就让他（她）去广阔的天地翱翔，实现自己的理想和愿望，这才是对一个独立的生命的爱和尊重。

有人误解了爱本来的含义，觉得爱一个人就要按照我的想法来爱，于是这世界多的是以爱之名行不爱之实的伴侣、父母、亲人、朋友……

爱本身是没有条件的，有条件的爱，条件变了爱就变了。很多父母的爱是建立在孩子能带给自己快乐、满足，甚至是虚荣的基础上的，这背后的逻辑是：你这样我就开心，你不这样，我就不爱你了。这就是有条件的爱。

我们要善于觉察自己，要在心底种下一颗真正的爱的种子，用更智慧的眼光看待我们与孩子的关系，更好地审视对孩子的爱。

第③章

沟通——爸爸妈妈会好好和你说话

01

有时，语言是一把杀人不见血的利刃

父母常会说爱自己的孩子，可很多孩子却不能感受到父母的爱。

有些父母也会困惑，我们辛辛苦苦为孩子付出很多，孩子为什么总是不领情、不理解，甚至还会逃避或对抗呢？到底是哪里不对，导致亲子关系出了问题？

在中国传统的家庭里，普遍存在着沟通问题，而且沟通的不良影响并不仅仅在两代人之间，还有可能代代相传。我们和孩子的沟通模式，往往会拷贝父母与我们之间的沟通模式。有些家庭里，可以显而易见地看到，祖辈和父母辈不会好好讲话，父母辈和子女也不会好好讲话，同样子女对他们孩子的讲话方式竟也有相似的影子。

来看看小时候父母跟我们的沟通，以及现在我们与孩子的沟通，会不会有如下的一些表现。

1. 以命令和支配为主的沟通

有些父母为了快速实现对孩子的管教预期，也可能因为传统的家长作风严重，常以父母的权威去命令和控制孩子的行为。这种沟通是单向而非双向，是压制而不是民主，只是一味地要求孩子绝对服从，而不会耐心地让孩子讲出自身的感受及困难。

例如，当孩子不想吃饭或者不想做某件事情时，有的父母会用这样的语气：

"我要你吃就吃！不要跟我讲条件！"

"现在就给我吃，快点吃！必须要吃完！"

"让你做就快点去做，哪儿那么多废话！"

很多时候，孩子虽然迫于父母的威权服从了，但是也拉远了心与心之间的距离，关闭了双方的平等沟通之门。

2. 经常用批评和斥责的语气

生活中，我们经常会看到父母因为孩子没达到自己的期待而动怒的情形：

"你怎么这么笨，这么简单的题都能做错！"

"你怎么动作那么慢！穿个鞋子要穿十分钟吗？像个蜗牛一样。"

"看看你这个样子，真是怎么看怎么来气！"

如果父母经常用这种语言跟孩子沟通，会让孩子失去安全感，变得胆怯、内向和害羞。

3. 经常对孩子发出警告和威胁

"这页数学题不做完，今晚不许吃饭，也别想睡觉！"

"你敢不听话，看我回家怎么收拾你！"

这种警告和威胁的语气，会让孩子产生恐惧，他们会怀疑爸爸妈妈是否真的爱他们。

还有的父母一旦脾气上来了，就会放出狠话来威胁孩子：

> "再胡说八道，看我不打断你的腿！"
>
> "给我滚外面去，我不要你了！"

经常以这种强势的手段来管教孩子，孩子一旦长大，就会希望快点离开这个家，逃离这个让人恐惧的原生家庭。

4. 用盘问和审问的口气质疑孩子

有的父母特别紧张孩子在学校的表现，于是像审问犯人一般问孩子："怎么这么晚才回家？你是不是在学校做了什么坏事？"

也有的父母会用成人的手段"诈"孩子：

> "你同学都跟我说了，你还不老实！"
>
> "又在骗我了，是吧？"

这种盘问和质疑，会让孩子觉得自己在父母心中形象很差：我好像就是爱撒谎、不靠谱、不值得信任的孩子，会引发对父母的反感和失望，进而放弃沟通的意愿，封闭自己。

5. 自以为是的评判

有些父母在孩子遇到一些情况时，总是用自己的主观评判为孩子下定论：

> "你躲在房间里干吗？肯定是玩游戏了！"
>
> "你一定是作业没写完才不敢去学校，是不是？"
>
> "你的脸怎么破了？肯定是和别人打架了！"

这种强势的、先入为主的评判，会让孩子觉得无从辩解，不被信任，时间久了，就养成一种应对模式：随你怎么说吧，我懒得解释了。有的父母还会步步紧逼："怎么不说话了，默认了吧？"

6. 对孩子疏离、否定、拒绝

故意疏离孩子，对孩子漠不关心，会极大地破坏孩子的安全感，尤其是有了"二宝"的家庭，有的父母张口就来，"一边儿去，没看到我正忙着照顾弟弟吗？烦都烦死了！"这种情况下，"大宝"内心是很容易受伤的。

有的父母不把孩子作为独立的个体尊重，于是经常贬低和否定孩子：

"你一个小孩子哪儿那么多话？"

"给你买你就吃，不买就不吃，你还想怎么着？"

甚至无理由地直接拒绝：

"我说不买就不买！"他们不顾孩子期待和祈求的目光："难道别人有，你就得有吗？"

"那是你的事，我不管！"

这些粗暴的语言，只会堵塞与孩子的沟通管道，孩子在压抑内心渴望和消化委屈情绪的同时，内心也与父母越来越疏远了。

7. 冲孩子宣泄自己的委屈和不满

有些妈妈可能会把自己的不幸归结到孩子身上：

"要不是你这个拖油瓶，我早就和那个没良心的离婚了！"

"你爸这么对我，你也这么让人操心，我怎么这么苦呢？"

"我都累成这样了，你还这么不懂事。"

在父母宣泄的过程中，孩子从小就同时背负自己和父母的双重压力，过着沉重而痛苦的人生。

有的父母对孩子的表现不满，会把委屈一股脑儿向孩子宣泄："我辛辛苦苦赚钱是为了什么？自己舍不得吃、舍不得穿是为了什么？你怎么就这么让人失望呢？"

甚至还会恶狠狠地咒骂："真讨厌，我怎么就生了你，也不知道是上辈子做了什么孽！"

父母宣泄怒气，不管是无心之语还是故意倾诉，都会像刀子一样插在孩子的心头，让他们感受到伤害和痛苦。

8. 对孩子讥讽、挖苦、羞辱

当孩子的表现没有达到自己的期望时，有的父母在一时冲动之下，就会以讥讽、挖苦、羞辱的语气来表达失望：

"一到关键时候就掉链子，也不知道到底有什么用！"

"废物，真是没出息！"

"你天生就是个笨蛋，根本就不是读书的料！"

有的妈妈还会指桑骂槐："简直和你爸一个德性，长大了也是没出息。"一句话就可能伤害孩子的自尊心，使其丧失自信，既会增加孩子的无力感，也会让他（她）对父亲产生负面的评价。

以上种种沟通方式和语言暴力，甚至有些人都可以对号入座。

所谓"舌上有龙泉，杀人不见血"。

父母的这些语言对孩子是一种扼杀和伤害。如果用个体心理学的基本原则来分析，很多孩子并不缺乏能力和天赋，他们缺乏的只是自信、勇气、果断，而这些特质，往往在孩子成长过程中会被父母极具杀伤力的语言轻易破坏掉。

个体心理学家阿尔弗雷德·阿德勒（Alfred Adler）认为，孩子的自我评价一般有两种：一种认为自己举足轻重，另一种则认为自己一文不值。只要稍加观察，我们就能发现，持后一种评价的孩子，总是会听到父母一次又一次地对他们重复各种各样批评、责备、伤害和打击之类的话。

扪心自问，如果这些语言攻击出现在自己身上会有什么感觉？

有些语言伤害的确在我们成长经历中出现过，虽然痛苦，但很多人并不知道如何处理这些创伤，也没有学会更好的沟通方式，于是从父母那里听到的语言模式又复制在了自己孩子身上。这对孩子来说，是一件不幸的事情。

所以，当家长和孩子沟通出现问题时，先想一想，这样的问题是否也曾出现在父母和我们之间？我们的沟通方式是否也有父母的影子？只有当我们意识到问题，并愿意做出改变，糟糕的沟通模式才不会"传承"下去，循环出现在父母与孩子之间。

02

亲子沟通的几个策略

无论自己经历过什么，我们都要坚信，亲子沟通是有方法、有策略的，也是一定可以改善的。只要愿意学习，愿意改变，尝试用一些正向的沟通方式，亲子关系就会开始变得融洽、信任、和谐。

当然，前提是父母自己有所觉察，也要有学习和改变的动力。

下面介绍几种有效的亲子沟通方法，希望对有这方面困惑的父母有所帮助。

1. 最重要的是，先学会倾听

我们总以为沟通就是表达，就是开口说话，以至于我们会忽略沟通中非常重要的构成部分——倾听。

所谓倾听，就是要专注、专心地听，这是一种姿态，表示你对对方的尊重和认同彼此关系平等。

在亲子沟通中，父母往往是强势的一方，因此更容易忽略倾听的重要性。孩子在跟父母聊天时，父母容易凭借自己的经验先入为主、妄加判断，经常会打断孩子的讲话，这会让孩子觉得被误会或产生挫败感。

当孩子跟你表达想法时，父母尽可能暂停手头的事情，如果孩子还小，最好蹲下平视孩子，并对孩子的话语做出回应，包括语言、表情、肢体等。通过"嗯""啊""好呀""真不错"等语气词和短语表示自己在听，通过重复孩子话语中的关键词来确定事情的真相，概括孩子表达的要点，帮助孩子理清思绪，如果有必要，还可以适时提出问题，引导孩子找到想要表达的核心或问题症结所在。

在倾听时不要随意打断孩子，不要因为孩子的想法幼稚或天马行空而去嘲讽孩子。回应时要语调温和，同时配合孩子的状态，跟孩子在表达时呈现的兴奋、快乐、愤怒、委屈、沮丧、伤心等情绪尽量同频，但不要过于激动，让孩子觉得你的状态是稳定的。

另外，当孩子想和你交流，而你又无法抽身时，可以跟孩子先说明情况，与孩子约定一个时间，比如"爸爸/妈妈现在有很重要的事情处理，我们十分钟之后专门来聊这件事好吗？"或者"待会儿我们玩游戏的时候，你再告诉我可以吗？"让孩子知道你并不是不想听，不是忽视他（她），而是真的很忙，一般而言，孩子是会理解和配合的。

2. 用"摄像机法"来和孩子沟通

所谓"摄像机法"，就是说你看到的事实，而不要说主观性和评价性的内容。

比如你让孩子做一件事情，他（她）还没做，你可以跟孩子说："孩子，我注意到你还没开始做哦。"而不是说："你是不是不想做？你怎么这么懒？你怎么老是不听话？"等等，这就是一种带有主观性的评判和指责，而非客观实际。

比如孩子上午一直在玩游戏。你说："我注意到你今天上午在玩游戏，没有做作业。"这是眼睛看到的事实。但如果你说："你怎么老是玩游戏，你除了玩游戏还能干什么？"这就是带有否定的负面评价。

再比如，孩子做作业时睡着了。你说："孩子，我注意到你很疲惫，刚才都睡着了。"这是眼睛看到的，而不是说："你这孩子怎么是这种学习态度？一点儿都不认真！做个作业都能睡着，真是没药救了！"

跟孩子沟通时，父母多讲自己眼睛看到的事实，而不是说一些带有主观感受和评价的内容，尤其是尽量不用负面和恶意的评价，就会减少很多冲突和矛盾。

有很多人并不是活在自己的世界里，也没有活成自己想要的样子，往往是因为从小伴随着别人的评价和眼光长大的，长大后依然活在别人的期待里，或者说别人的眼光里，无法挣脱心里的束缚。你希望自己的孩子也是这样吗？

3. 沟通中的同理心——角色互换

有段时间，儿子早上经常赖床，太太就跟儿子做了个角色互换，让儿子做妈妈，太太来扮演儿子。

早上，妈妈扮演的"儿子"赖床，儿子扮演的"妈妈"叫孩子起床。

儿子"妈妈"：儿子，时间到了，起床吧。

妈妈"孩子"：我不想起床呀。

儿子"妈妈"：不起床你会迟到的。

妈妈"孩子"撒娇：可是我不会穿衣服呀。

儿子就费力地帮着妈妈穿衣服，拉着她一起洗漱、吃饭，妈妈扮演的孩子故意磨磨蹭蹭的，然后时间就晚了，妈妈就假装哭闹，说"迟到了老师会不高兴的，其他小朋友也会说我是大懒虫的，呜呜呜"。

儿子就慌了，他像个大人一样不停地安慰妈妈说，"那你明天要起得早一点哦，早起就不会迟到了"。

这种角色扮演游戏，可以让孩子站在另一个角度看待自己做得不够好的一面，也让他体会到妈妈这个角色的烦恼，接下来每天起床的时候就不怎么赖床了。

有一次幼儿园组织秋游，我问儿子，如果我是孩子，你是爸爸，你陪我秋游，要做哪些准备呢？他立刻像个小大人一样，帮我思考要带的物品，还提醒我秋游要注意的事项。虽然不全面，甚至有些想法也比较稚嫩，但这种角色扮演的方式，不仅让他学会换位思考，而且能够锻炼他的思维和理解能力。

经过角色扮演和角色互换，孩子更能体贴父母，而我们也能够进一步体会到孩子的感受，增进彼此的理解。

父母对孩子的同理心，是开启孩子心灵的钥匙，是亲子间有效沟通的前提，也是让孩子能够身心健康成长的保证。

以上的沟通方式对于亲子沟通很有效果。当然，有些父母对孩子凶惯了，没有这样的家庭氛围和沟通习惯，会觉得这样一套话语说出来，都不像自己了，实在是说不出口。这很正常，因为我们开始改变的时候，一定会不适应，这就是突破心理"舒适区"和打破旧有习惯的过程。一开始可以先改变沟通的态度，再尝试着完善沟通的语言，慢慢你会发现，家庭氛围开始变了，跟孩子的沟通更舒服了。

03

不当表扬的表现和后果

你会过度表扬自己的孩子吗

　　有一次讲课，一个学员跟我聊天，说自己小时候常被父母批评，哪怕一点小错也会被父母指责打骂，自己一点儿自信都没有。他怕孩子走自己同样的路，所以会尽可能去表扬孩子，多给孩子鼓励，可是他发现表扬多了，对孩子也没啥作用，还出现了很多问题。

　　这位学员的出发点很好，他为了避免孩子出现跟他童年一样的负面经历，在跟孩子的互动中会特别在意孩子的感受。但需要注意的是，过度表扬也会给孩子造成负面影响。

　　我有一次乘高铁，背后坐的是一对母子。妈妈一路不停地逗孩子，同时极尽夸张地称赞和表扬自己的孩子：宝宝好厉害啊，自己会拿杯子喝水了。

哇！宝宝好厉害，可以数到10了。可不可以把饼干给妈妈吃一片，啊呣，宝宝好乖好懂事啊，这么小就懂得分享了。我回头看了看，一个胖嘟嘟的孩子坐在妈妈的腿上，看起来起码三四岁了。

一个多小时的车程，妈妈不停在夸孩子。我在想，孩子的表现不是这个年龄应该具备的能力吗？甚至更小的孩子做这些事情都稀松平常，三四岁的孩子从1数到10也要夸赞，真的没有必要。

这种夸张又廉价的表扬，对孩子未必有好处，反而很可能出现一些不好的影响。比如，会让这孩子觉得做出点事情被别人赞美是应该的，万一别人给不了这么多赞美，会心理失衡，也会让孩子承受不住别人的打击；此外，孩子还会对自己的能力产生认知偏差，以为自己能做的这些事情，别的孩子都做不来，也没有他做得好，从而产生莫名其妙的优越感，变得自负，目中无人，自吹自擂；也有一种可能，就是孩子以后长大了，为了在别人面前获得完美的形象，为了获得别人夸赞，为了不犯错误，会凡事退缩，从而掩饰自己的弱点，因为做有可能会错，不做才不会错。

不仅是孩子，就算是成年人，同样也会因为不当表扬或者"荣誉负担"的影响，让自己的能力受到心理约束。

什么叫自我妨碍

美国网球名将纳芙拉蒂洛娃算得上是网坛的传奇女性，她从1973年开始在网坛崭露头角，在此后长达21年的时间里，她一共取得了1442场胜利，获得过167个单打冠军，被称为网球"一代天后"。

曾经有一段时间她的状态不佳，在连续败给几个小将之后，纳芙拉蒂洛娃对媒体真诚地反省了自己的心态："在比赛时不敢尽全力，唯恐发现自己即使尽了全力仍被击败，因为一旦如此，就证明我完了。"

纳芙拉蒂洛娃说出了所有运动员内心最大的恐惧。对于运动员而言，尤其是那些曾经获得过很多荣誉和辉煌的运动员，"不好好准备、不努力比赛……"这些都不是什么大问题，真正的大问题是"状态下滑是因为过了运动生涯巅峰期"。为了逃避内心最大的恐惧，就会通过"在比赛时不敢尽全力"，甚至"赛前准备不够投入"等状态来证明自己不是不行了，只是不够努力而已。

这种心态，心理学称为"自我妨碍"（self-handicapping），就是故意设置障碍，以阻挠自己获得成功。

你也许会觉得不可思议，谁会干这种事？遗憾的是，这是一种常见的心态，只不过它往往以不同形式潜藏在你我的内心深处，不容易被觉察到。如果一个孩子经常被夸赞，时间久了，就容易产生"自我妨碍"心理——为了不失去夸赞而避免尝试。

现在有很多父母特别喜欢用赏识教育，哇，"儿子太棒了！你一定可以的！你是我们的骄傲！爸爸妈妈相信你的！"类似的夸赞听久了，都会变成压力，孩子被架得太高，就下不来了，他们生怕辜负了父母的期待，从而逃避尝试挑战新事物，避免犯错。说不定有些孩子内心对父母的独白是：我受不了啦，你能不能别老是相信我，你去相信你自己吧！你也很棒的！

04

学会肯定，但慎用表扬

当心你的表扬会变成"捧杀"

过度的赏识教育带来的负面影响在我家也发生过，讲一个关于我儿子的例子。

有段时间，我和太太经常对儿子进行夸奖。的确，他那个阶段有不少表现在我们看来都比较优秀。但过了一段时间之后，儿子有些事情就不愿尝试了，我们问他为什么，他就说害怕。怕什么呢？他自己也说不清楚。于是我和太太针对儿子的行为做了一些分析，最终觉得很可能是因为我们对儿子的赞誉过多，导致他害怕做出来的效果达不到预期，让我们失望。

这让我们意识到，要减少对孩子的赞扬。于是，我们改变了表达的方式，尽量不说"你真是个聪明的孩子！""儿子真棒！"这种笼统的语言，而是针对他做得好的地方，具体指出来，认可他的努力，强化正面的行为，让他愿意不断地努力，而不是停留在之前沾沾自喜的满足中。

斯坦福大学的心理学教授卡罗尔·德韦克（Coral Dweek）曾带领研究团队做过一个心理学实验。实验人员把学生分为两组：A组被称为天才组，B组被称为勤奋组。每当学生完成一项任务以后，研究者分别对他们采取两种鼓励反馈措施：A组是"你真聪明"，B组是"你真努力"。

实验发现，如果一直受到"你真聪明"的夸奖，学生就会过度重视自己的排名，忽视具体的技能掌握，从而回避那些他们不太有把握完成的任务。研究者猜测，他们是为了让自己保持看起来聪明的状态，而躲避出丑的风险。

而那些一直受到"你真努力"夸奖的学生，会更倾向于选择具有挑战性的任务，参照和学习其他人的方法和技巧以更好地解决问题。在他们看来，失败是因为自己不够努力，那么，加大努力程度，对他们来说就是一个好的选择。

研究者最终提出结论："当我们夸孩子聪明时，等于是在告诉他们，为了保持聪明，不要冒可能犯错的险。"因为不断表扬孩子，会让孩子形成对自身能力的固定心态（fixed mindset），而用肯定的态度将孩子的努力和成就相结合，会让孩子建立成长心态（growth mindset），进而给孩子带来完全不同的影响。

孩子做好一件事，你用肯定的态度认可他（她）的努力，或告诉他（她）成功是因为外在努力结合了自身的智慧，他（她）会得到这样自我认知：是的，我的成功不光用到智慧，更重要的是我很努力，我下回还要这么努力的。

反之，如果你总是夸一个孩子聪明，他（她）的自我认知很可能是这样的：我成功是因为我聪明，这是内在原因，跟我努不努力没什么关系，最主要是因为我聪明。

长此以往，如果有一天被夸"努力"的孩子失败了，他（她）会觉得是自己不够努力，下次要更努力。而被夸"聪明"的孩子失败了，就容易自暴自弃，因为"聪明"这个天赋失效了，就没有解决问题的可能了，别人比我更"聪明"，我能怎么办呢？可能会由此变得自卑退缩，一蹶不振。

比如，你看到生活中有些孩子会沉溺于玩网络游戏。当他（她）玩游戏时，他（她）的自卑就不会展现在其他人面前，即使他（她）的学习成绩很糟糕。不少父母会在别人面前解释，说这孩子不能取得好成绩，最大的原因就是他（她）总喜欢玩游戏："你说这孩子吧，聪明是聪明，就是不肯好好学。"

这样，这个孩子的虚荣心和满足感就找到了释放的空间。甚至他（她）也会对这个观点深信不疑："我不是笨，而是因为喜欢玩游戏，所以成绩才不好。只要我能改掉打游戏的坏毛病，成绩就会好起来。"如此，孩子内心就得到了满足和安慰，他（她）在暗示自己：其实我可以变成一个成绩好的学生，只要我不打游戏就行了，只是我喜欢打游戏，不想放弃而已。于是，他（她）继续沉溺于这种自我安慰中，隐藏自己内在的那份自卑感，既不让别人看到，也不让自己看到。要知道，这种做法继续维持下去，他（她）不会发生改变，也不会取得丝毫成长和进步。

从这个例子的剖析中，我们可以清楚地看到，孩子把成绩差归咎于自己爱玩游戏，而不是自己不努力。他（她）总觉得自己是聪明人，只要肯学就能学好，可是，带着这种信念，他（她）从一个小学生变成了成年人，如果不思改变即使到了老年，他（她）也很难做出像样的成就。

"表扬" VS "肯定"

我们通过下面这个表格中"孩子考 100 分"的小例子，来看看表扬和肯定的区别：

对比项	表扬	肯定
举例	哇，你考了 100 分，太聪明了！	你考了 100 分，说明前一段时间的努力得到了回报！
认可的点	聪明，完美的结果。	努力，不断地进步。
导致结果	总是寻求他人认可。	通过自己努力去提高成绩。
潜在影响	在意结果和他人评价。	认为努力很重要，看重努力的过程。

续表

对比项	表扬	肯定
长期效果	被他人评价左右，害怕竞争。	努力、自信、自立。
人际关系	认为他人成功，自己就失败了，与他人关系会变得紧张。	可以从他人成功中学到经验，继续努力，与他人融洽相处。

从这个表格中，可以清楚地看到过度表扬的潜在危害，以及有效肯定的意义与效果。因此，在以下的一些场景中，我们尽量多肯定，而少表扬。

（1）当孩子在某些方面表现不错时，对孩子要肯定，而不要表扬。有些父母喜欢表扬孩子"很棒""聪明"，甚至用"天才""神童"等更为夸张的词汇，虽然这会让孩子当时感觉很好，但时间久了却可能让孩子变得脆弱。相反，如果将孩子的良好表现与付出的努力相联系，给予具体的肯定和鼓励，那么孩子就会意识到，是努力使自己收获了好的结果，而不是所谓的"天分"。

（2）当孩子遇到挫折时，要理解和肯定，不要批评指责。比如，小朋友参加比赛没有获得好名次，有些父母接受不了就会批评孩子："你平时不是练习得很好吗？怎么上台就成了那个样子？"或者"你刚才怎么回事？简直一塌糊涂！"当然，也不要过度安抚和保护，有的父母为了安慰孩子可能会说："爸爸妈妈相信你是最棒的，下次一定能拿一等奖！"这样的过度安抚虽出自好意，却无助于孩子认识自己的不足，也不会激发孩子"只有更努力才能表现得更好"的积极态度。万一下次孩子没拿到一等奖，又怎么对孩子解释呢？我们可以说："你刚才在台上某个环节的表现非常精彩（指出具体的表现），同时也有需要改善的地方（指出具体的问题），如果这个地方改进了，下次表现就会更出色。"

（3）孩子犯错时，要先换位思考，理解和肯定孩子做事情的动机，而不是指责打骂。即使孩子把事情搞砸了，或不小心犯错了，只要动机是好的，就值得肯定。同时，父母要注意在肯定的同时，还要帮助孩子学习和培养解决问题的能力，让他避免类似的错误发生。比如："儿子，爸爸注意到你刚才很想给我帮忙，不过因为着急，就把杯子摔碎了。"这是肯定孩子的动机，然后教他一些方法或者道理，"以后遇到事情了首先不要心慌，不要着急，这样才能更好地解决问题。"

当然，更为有效的肯定和鼓励，是让孩子无意间听到你对他（她）的认可。让孩子在无意间听到父母肯定他（她）的一些行为和做法，是奖励孩子最不费力、最有效的方式。

对孩子的同伴或其他大人说话时，可以让孩子"无意间"听到你对他（她）行为改变的称赞。例如，你以肯定而且喜悦的语气对别人说："这个星期，我让他（她）做的事，他（她）都会立刻行动，效率很高，真的很不错。""最近一段时间，儿子都会准时把该做的作业完成，练琴的时候也从来不拖延，我真的很高兴。"

对孩子来说，"一不小心"听到了你的肯定或认可，会比给他（她）的物质奖品更具有鼓励作用，而且持久性也会更明显。

05

你喜欢跟孩子讲道理吗

千万别让自己变成唐僧式父母

教育孩子时，父母常会遇到的一个苦恼：我跟这孩子讲了这么多遍，轻话、重话、狠话、难听话，全都说过了，他（她）怎么就是记不住？就是改不了呢？

对于这种经历我比较有发言权，因为我有一个特别喜欢"讲道理"的父亲。

小时候，父亲特别喜欢给我讲大道理，他可以跟我连续讲两三个小时，中间连水都不喝。每次说教都是他坐着，我站着。有一次我站得太久都要吐了，他还是啰啰唆唆没完没了。可整个过程，除了让人觉得很烦、很聒噪，特别想逃离以外，我什么都没记住。

念高中时，有一次表哥到我家玩。吃午饭时，我父亲又开始了"唐僧"式的说教，反复告诫我们要好好学习，要不长大了没出息，大人挣钱给我们读书不容易，要珍惜大好时光，他们小时候家里没钱，吃不饱饭，穿不起衣，每天还要干很多活，没机会读书，我们赶上好时候了，不好好读书我们就对不起自己，对不起父母，对不起国家，诸如此类的话，翻来覆去地念叨。那顿饭我们吃得很漫长，也很艰难。终于熬完了那顿饭之后，表哥小声地跟我说，我以后再也不来你家了。果然，表哥说到做到，从那以后，他就再也没去过我家。

站在父母的立场，他们啰唆的出发点是为了孩子好，但他们不明白，说教太多只会使孩子的听觉感官关闭，最后就变成了"听而不闻"。

有一次出差，我坐地铁去机场，旁边坐着一对父子，儿子看上去八九岁。那个爸爸一路都在跟孩子讲："你这次考试并不理想，本来我不想带你去旅游，你说你考成这样，对得起我和你妈妈吗？我们每天工作那么辛苦……"我注意到那个儿子坐在旁边一直低着头抠手指，一点儿反应都没有，爸爸还在不停地碎碎念。快下地铁时，他突然提醒了一下儿子："马上要下车了，快检查一下你作业带齐了没有？"我都有点替那个孩子愤愤不平：这哪是旅游啊，一路说了那么多，不就是换个地方做作业嘛。

正如我父亲喜欢长篇大论讲道理但对我毫无用处一样，人同此心，心同此理，我们做了父母，在跟孩子长篇说教的时候，也是一样的结果。

这种说教之所以没有效果，根源在于孩子和父母不同的人生经历。父母把自己几十年的人生体验和各种看法，包括他们吃过的苦，都总结成一堆道理告诉他们的孩子，要求孩子能理解、能做到。而对孩子来讲，这些经历跟他（她）毫无关系，没有体验过又怎会有感觉？还有些激励孩子的道理完全是纸上谈兵，父母自己都做不到，甚至自己还是反面教材，他们又怎么能教孩子做到？

现在我也是一个父亲，我常常告诫自己，多以身作则，少长篇大论，更不要把自己观点强加于孩子。

成年人往往会"天真"地认为，只要把道理讲清，孩子就会理所当然地按道理去做，这几乎是不可能的。

并非学历高的父母就一定懂教育

我曾在一个新闻报道中，看到过这样一对夫妇：丈夫叫张中良，曾经是问题少年，二十多岁时得了强直性脊柱炎和股骨头坏死，成了残疾人，后来去做义工，引导和教育问题儿童。妻子阿娥，是个打工妹，因为读特蕾莎修女的故事深受感动，开始收养一些流浪儿童。他们在广州番禺洛溪南浦岛一栋三层的农民出租房里，一共收留了10个流浪儿童，加上自己的儿子，一共11个孩子。这11个孩子年龄参差不齐，一开始大部分孩子都性格乖张，行为野蛮，他们不知该如何教育。

他们说，因为收养的孩子大都在社会上"混"了几年，有很多不好的习惯，因此非常注意这些孩子的品格教育，这是最重要的。孩子做错事，张中良与阿娥不会责骂他们，也不讲大道理，而是让孩子们通过体验和感受，去认识和明白道理。

有一次，张中良让3岁的女儿慕恩领着失明的8岁姐姐美春出去玩，后来慕恩将美春一个人丢在外面，独自回来了。张中良并没有责备小慕恩，只是给她做了一个体验：用毛巾蒙住慕恩的眼睛，让她自己在院子外面走一段路。这个体验对慕恩影响非常深刻，从此以后，慕恩带姐姐出去就再也没有丢下过。

张中良学的是中医，而阿娥只上过初中，两人的学历并不高，但他们却不断学习和实践国际上一些先进的教育理念来教育这些流浪儿童，让孩子们获得良好的教育和成长。这些孩子在不断的引导和体验下，行为得到了矫正，也越来越优秀。

社会上有不少父母是高知人群，学历很高，知识丰富，能讲很多道理，但这并不能就说他们一定懂教育。而有些父母没什么高学历，朴实无华，也说不出大道理，可是依然把孩子培养得很优秀。这是为什么？值得我们思考。

06

说教让人失望，体验带来效果

未经体验的道理如同谎言

美国催眠大师史蒂芬·吉利根（Stephen Gilligan）说："如果没有身体的佐证，一个道理对你而言就可以说是一个谎言。"所以，少跟孩子讲道理，多做给他（她）看，多带他（她）体验。

事实上，成年人在学习过程中早已有了这种体会。比如，你想学习打乒乓球，你看别人打几次乒乓球，就能学会吗？你想去学游泳，听别人讲几堂游泳课，就能学会吗？你想去站在台上演讲，看完一本演讲技巧的书就可以从容不迫、侃侃而谈了吗？

如果不去练习，不去亲身感受和摸索其中的细节，是永远也学不会的。总之"纸上得来终觉浅，绝知此事要躬行"。

孩子的学习和成长，也同样如此。只是我们在教育孩子的过程中却很容易忽略这一点，总以为讲讲道理就能让孩子学会很多东西。

儿子两三岁时，坐地铁时经常无所顾忌地讲话，甚至叫喊，需要我们干涉才会好一些。我们跟他说在地铁里大声说话会影响到别人，是不礼貌的，每次他都答应改正，但是下一次他还会这样。很显然，讲道理对他的效果并不明显。

在他四岁那年，我带他去日本旅游。

在东京我们坐地铁。上了地铁我趴在他耳朵边小声地问他：儿子，你觉得东京的地铁和上海的地铁相比，有哪些不一样的地方？

儿子四处打量着地铁车厢，告诉我东京的地铁里挂着很多广告，上面还有货架，座椅和扶手不一样，到站时说的语言不一样，等等。

我肯定了他的观察能力，接着问他："那你看坐地铁的人有没有不同呢？"他看着车厢里的人，说很多人都在看书，在休息，他们都不说话。

我问他，为什么这些人坐地铁都不说话呢？儿子说，他们肯定是不想吵到别人。

我继续问他，如果吵到别人会怎么样呢？他说别人会不高兴啊，会觉得这个人不懂礼貌。

我说，那我们以后坐地铁要不要也要这样安静？儿子点点头。

我说，你看着爸爸的眼睛说，可以做到吗？儿子认真地看着我说，可以做到。

整个交流的过程我们都是贴在一起用耳语的形式完成的，但是我能感受到儿子语气中的坚定。

带着他在日本玩了一个多星期，回来之后我发现儿子有了一些变化。坐地铁时他很少发出声音，如果有人大声讲话，他会趴在我的耳朵上跟我说这个人真没礼貌。

那次旅行他还学会了排队，因为在迪士尼里玩任何一个项目，都需要很有秩序地排队。看花车游览时，所有人都排好队坐在自己的位置上，即使被别人挡住，也没有一个人站起来，这让他受到了很大的触动。儿子也记住了我常说的"尽量不要给别人添麻烦"。

除此之外，他对语言的学习也产生了浓厚的兴趣，因为在日本大部分地方说中文是没办法沟通的，他学会了几句常用的日语，每次和别人沟通用到那几句时，他都兴奋不已。我跟他说学好语言很重要，比如你现在上的英语课，学好了可以去更多的国家旅游，他那阵子学英语就更起劲了。

人格和品质是砥砺出来的

这些变化，我相信仅仅靠说教是很难达到的。在那以后，我决定有空就多带儿子去不同的地方，让他自己多去体验。

> 有一次我去山东泰安讲课，带上了儿子。课程结束后，我就和儿子去爬泰山，一路上他都在跟我比赛，中途许多同行者给他鼓气加油，更让他兴奋不已。他把每一次连续的攀爬台阶称为一个"小挑战"，完成了无数个"小挑战"之后，他从最下面的红门到达中天门，开心得像只小老虎，张牙舞爪地让我给他拍照。

回来之后，他完成了很多需要"勇气"和"毅力"才能做好的事情。他会说，泰山那么高我都敢挑战，这个我才不怕呢。

我和儿子参加5公里亲子跑，那时他上幼儿园中班，他一直跟在我旁边，一路用稳定的速度，一个人坚持跑下来，中间他累得气喘吁吁，热得满脸通红，但他一步也没有停下来，一直跟我说，爸爸，坚持就是胜利。在这之后，他知道如何去坚持完成一件并不容易的事情。他会大咧咧地说，5公里我都能坚持跑完，一下都没停，这点事情我才不怕呢。上小学前，他已经可以连续跑8公里了。

一个人的人格和品质，是无法通过讲道理培养出来的，必须在一次次克服困难、征服挑战的经历中慢慢培养，"宝剑锋从磨砺出"，未经砥砺，难以成器。

只有躬身入局，亲身实践，体验和感悟才会进入孩子的身体，而这对孩子的促进和影响远远大于你跟他讲一堆大道理，这也许就是"行不言之教"的另一种内涵吧。

07

不要在评价中给孩子贴标签

别让孩子活在别人的评价里

> 我儿子小时候属于别人常说的那种慢热型孩子，在人多时不太喜欢说话，也不太爱表现，而一旦熟悉了他就比较能放得开。有些人一见面就会说："你儿子看起来挺内向啊"，或者"这孩子看起来很害羞嘛"。通常我会笑笑说："哈哈，其实不是你看到的那样。"

有些人从小因为性格原因，就成了父母或者别人口中"内向""害羞"，甚至"没出息"的孩子。殊不知，被贴了这种标签之后，会不断强化孩子对自己的这种认知，从而成为别人口中评价的那类人。

如果你不断跟自己的孩子重复：你就是个笨蛋，你怎么这么笨，你简直笨得无可救药了……无论他（她）做什么事情，你总说他（她）笨，然后你就会发现孩子真的会表现得越来越笨拙。当然我们不会这么明显和刻意地去做这种事情，但即使无意中对孩子的负面评价，都有可能形成孩子看待自己的一个标签。

孩子被贴了标签，不仅会限制他们的发展，而且会给孩子展现积极的一面增加心理上的阻碍，也会让他（她）的人生减少很多可能性。甚至有些孩子就给自己找到了充分的理由和借口，让自己一直躲在这种标签的后面，拒绝正常的社交活动和成长进步。

为自己而活，不要为"标签"而活

我儿子上幼儿园时有个同学，一个可爱又懂礼貌的小男孩，每次见到人会主动打招呼，特别招人喜欢。小男孩在小班的时候识字量就超过了一千个汉字，各方面都很优秀。可是学校组织的各种活动，那个孩子都不参加。

和这个小男孩的妈妈聊天，她说她儿子特别懒，又有畏难情绪，看到一件事情有点难度，就想放弃。那个小男孩站在妈妈旁边，忽闪忽闪着大眼睛，有点害羞地看着他妈妈。我跟那个妈妈说，可别在孩子面前老是说他懒，说多了不懒也会变懒的。再说，幼儿园组织的小活动，小孩子哪知道难不难呢，还不都是大人在协助完成。我半开玩笑说："我看是你懒吧。"她就不好意思地笑了。

后来幼儿园组织"变废为宝"创意制作大赛，我就建议她如果不忙，可以给孩子报名参加。后来，他们认真地做了一个手工作品，用家里的废旧瓶子做成一个可以吊在墙壁上的装饰品，还用各种颜色的毛线缠绕在瓶身上，非常精美，获得了评委的一致好评，那个孩子捧着奖状回去开心得不得了。

从那以后，小男孩经常参加学校和班级的活动，而且在元旦迎新活动中表演的节目还受到全园小朋友的欢迎，性格也变得越来越开朗自信了。

在生活中给自己贴标签，不管是好的标签，还是坏的标签，都未必是一件好事情。

有时给自己贴上一张标签，从此你就有意无意地会维护着那张标签。好的标签，会让我们背负很沉重的压力，就如同明星害怕自己的人设崩塌一样。坏的标签，会让我们活在一种负面的状态里，就如同一个邪恶的影子紧跟身后。

我们可以问自己一个问题：我到底是为自己活还是为一个标签活？也想一想：我有没有资格为别人贴标签？再顺便问一问自己：我有没有给自己的孩子贴标签？我是否愿意承担给孩子贴标签的后果？

08

批评有必要，但你是否理解何为批评

批评不是发泄，也不是放纵

孩子在成长中犯错是难免的，作为家长，我们也可能会经常批评孩子。我们可能会听到有家长说："我昨天刚刚批评过我家那'熊孩子'，真是太气人了！"也可能会有孩子说："我刚才被妈妈批评了，真是太难过了！"不管批评还是被批评，总归不是让人愉快的事情。

可是，批评真的要带着糟糕的情绪吗？被批评一定会很沮丧吗？其实我们很多人对批评本身是有误解的。

有一次，我在排队买东西，听到一个妈妈训斥自己在排队的孩子："你杵在那个地方跟个死孩子一样，别人都插到你前面去了，你看不到吗？瞧你那个没出息的样子！"就这样絮絮叨叨地把孩子骂了很久。我清楚这个妈妈是对那个插队的人不满，可她又不愿意直接对那个人表达，就指桑骂槐、夹枪带棒地冲着自己的孩子一阵发泄。

儿子在一个辅导机构学习数学思维课，一个同班的女孩上课时有道题没做出来，她妈妈带她课间上厕所时，就一直念叨："你怎么就这么笨，这么简单的题都不会做，你说你到底有什么用？"就这样来来回回数落个没完没了，7岁的孩子一脸麻木，一直低头不语。

我对这两件事情印象很深刻，是因为她们的行为在父母跟孩子互动的过程中比较有代表性。

前一个妈妈不是在批评孩子，而是在发泄自己的不满，这份不满，说到底其实是对自己的不满。不客气地讲，有很多父母内心对自己是不满的，于是就把这份情绪转移到孩子身上。懂点心理学的朋友应该很容易理解，那个她口中"没出息"的孩子，其实就是另一个"没出息"的自己，不过是一种投射而已。

后一个妈妈也有类似的原因，但她是站在自己的认知世界里去否定孩子，她在用成人的标准去看待孩子的错误。这就如同一个层次、经验和能力比你高出很多倍的人，在看到你工作中出现的一个问题时，对你不断地打击、伤害，甚至羞辱一样，这是一种典型的"降维打击"。

也有的父母走向了"批评"的另一个极端。这些父母看到孩子犯错了，甚至闯祸了，只是轻描淡写来一句："下次别这样了啊。"他们自己不当回事，孩子当然也不会引以为戒，下次依然如是，完全没有达到"批评"的效果。

有一次我带儿子在游乐场玩，看到一个小女孩花很长时间堆积起来的积木造型，被旁边的男孩子一脚给踢散了，小女孩又生气，又委屈，"哇"

的一声大哭起来。男孩的妈妈一开始无动于衷，后来看到有点不好收场了，就过去对着小女孩说："别哭了，小朋友别哭了啊，等会儿我狠狠地批评他。"几句之后，就走到边上继续坐着，而那个男孩子没有任何收敛，继续为所欲为。其实这不是批评，而是变相的放纵。

什么是真正的批评

实际上很多人并没有理解什么叫批评。批评有两种含义：一是基于美学意义的解释，指通过运用理论方法对作品进行梳理（试探性评判与论证式评判），如文艺批评；二是基于狭义的生活习语，是专指对一个人的缺点和错误提出意见。

我们所说的批评通常是指第二种狭义的生活用语。需要强调的是，真正意义的批评不是责骂，不是抱怨，不是批判，更不是大吼大叫。严格来讲，批评并不是一个带有贬义色彩的词语。但是，现在很多人都把批评当作了指责和抱怨，这是一种典型的负面行为。

作为父母，我们只有真正理解批评的含义，才会有效批评孩子，这样批评才会起到作用。

一个值得提倡的做法是，批评尽量聚焦在孩子的行为层面，比如说，前面提到踢倒积木的男孩子，作为家长可以说："孩子，刚才我注意到你跟小妹妹玩的时候，把她堆好的积木踢散了，这个行为很不好，你看小妹妹哭得非常伤心，她的爸爸妈妈也会很难过。你觉得这个事情该怎么解决呢？"如果孩子去道歉或者进行补救，就可以对孩子知错就改的行为进行肯定。如果孩子无动于衷，或者压根就不认错，那么家长的语气就要更加严肃："如果你花很长时间堆积起来的积木，被别人一脚踢散了，你有什么感觉？"要明确告诉孩子这种行为你完全不能接受，同时，作为家长，要和孩子一起向小女孩表示歉意，做出补偿行为，安抚她的情绪。

这个过程中，父母应先指出孩子的错误行为，以及这个行为带来了什么样的后果和影响，让孩子充分意识到行为的错误性。同时要展现你对这件事情的严肃态度，但尽量避免去评判孩子的品性，"你怎么那么坏？你怎么那么令人讨厌？我再也不喜欢你了！"等等，这种语言只会起到反作用。

当然，作为父母，一旦发现孩子有不恰当的行为，就要及时干涉制止，有效引导改正，而不是等到闯了祸之后才去干预。

从批评的角度来看，阿德勒有一个观点值得借鉴和思考：过于严厉或过于温和的教育方法都是不主张的。正确教育孩子的方法是理解孩子，不断地鼓励他们勇敢地面对和解决问题，并发展他们的社会情感。对孩子过于挑剔或者严厉会使孩子丧失勇气，变得自卑，而过于温和或溺爱又会使孩子形成依赖和放纵心理。

因此，阿德勒提倡父母既不要用玫瑰色来美化现实，也不要用悲观的态度来描摹世界。父母的职责是让孩子尽可能充分地为生活做好准备，展现正确的行为，使孩子能够自如地应对未来。

09

观点一致性与行为一致性

观点一致性的表达方式

很多父母经常都是"口是心非"的。他们嘴上很凶，让孩子非常恐惧，但心里都是对孩子的关心和爱，吼完了孩子自己就后悔。

我有一次讲课，一位家长提问，说小学四年级的孩子最近写作业很磨蹭，晚上都十点半了，作业还没写完，还在那儿磨磨蹭蹭看着手机、玩游戏。他说每次自己都控制不住要发火，连手机都摔坏了一部。

这种情况比较常见，不光是这位家长，换作别的家长情绪一样会出来，也会说："你看看都几点了，还那么磨磨蹭蹭，今晚不想睡啦？"虽然这句话背后是一种关心的态度，可是听起来就是语气不善。

如果父母学会运用一致性的表达后，可能就会好很多。所谓一致性的表达方式，就是心口合一，心里怎么想的就用语言表达出来，而不要说的和心里想的不同。

> "妈妈看到你到十点多还没写完作业，心里特别着急，这样会影响你休息。你到现在还没写完，是遇到什么解决不了的问题吗？如果有问题，我们可以一起来想办法。"

父母如果这样表达，孩子就很容易感受到你的关心，如果有问题可能会讲出他（她）的困惑，如果没有问题他（她）也可能会更加自觉一些。

通过这个小例子，我们可以看出来，懂得一致性表达的父母，他们清楚自己是爱孩子的，也会把爱表达出来，同时对于孩子的问题，他们也很关注，以帮助孩子解决问题为目的，而不是用呵斥与指责的方式来发泄情绪。

> 有一位妈妈说，学会了一致性表达方式后，她第一次在女儿面前说"我生气是因为我很爱你"时，她女儿眼泪一下出来了，因为一直以来，她女儿都认为父母不爱她。而此时女儿惊喜地发现：原来父母深爱着她，只是爱的玫瑰被包裹了很多刺而已。

很多父母受传统文化影响，含蓄而不善表达，我们常说"父爱如山"，可山给人感觉总是沉默的，深沉的。其实，在父母严肃的面孔下蕴藏了很多热烈又无私的爱，只是父母不说，孩子不懂而已。

爱孩子，就要说出来。如果父母经常向孩子表达温情的爱，那么很容易建立良好的亲子关系，同时也让孩子更幸福、更有安全感。

我也会批评我的孩子，在批评儿子之前，我经常会用一种表达的句式："儿子，爸爸非常爱你，可是你刚才的做法爸爸不能接受，因为……"

用行为一致性的方式影响孩子

观点一致性的表达方式，是基于沟通层面的技巧，而行为层面的一致性则会更好地影响孩子。

父母的行为会影响孩子行为模式的形成。《孟子·离娄上》有云："行有不得，皆反求诸己。"就是说，如果自己希望发生的事情没有发生，先想想自己做得够不够。

孩子内心是跟随和模仿父母的，但如果父母做不出来，反而要求孩子做出来，那孩子的意愿就会大打折扣。

有个很有意思的段子，说孩子因成绩不好被家长骂，说他就是个笨鸟。孩子不服气地说："世上的笨鸟有三种，一种是先飞的，一种是嫌累不飞的。"家长问："那第三种呢？"孩子说："这种鸟最让人讨厌，自己飞不起来，就下个蛋让蛋飞。"有些家长自己没有飞起来，于是寄希望于羽翼未丰的孩子。

有一次，我带儿子参加一个试听课程，教室里一群孩子和家长同时试听。也许是因为第一次在一起上课，孩子们都略显拘谨。老师为了活跃一下气氛，就说："哪位小朋友愿意到前面来和老师做个小游戏？"孩子们你看看我，我看看你，并没有人站起来。后排有些家长就开始着急了，有个妈妈语气听起来都有点激动，她在后面用手指戳着自己的女儿："你举手呀，你举手呀。"小女孩看妈妈有点生气了，就怯生生地把手举起来。老师就邀请了她，她上去和老师做个游戏之后，老师在她额头上贴了朵小红花，她开心地回到了座位上。

过了一会儿，老师又说："接下来哪位家长愿意参与一下，我们来做个互动？"结果家长们互相看看，也没人主动举手。坐在前排的孩子回头看到这一幕，心里也许会想：你们不也是这个样子吗？

如果父母真的想让孩子改变，要么自己就要身体力行，用身教而不仅仅是言传，要么带给孩子体验，让他（她）有所触动。

父母如果能坦诚地和孩子进行心与心的沟通交流，用自身实际的行为去影响孩子，我认为对孩子的影响和效果可能会更好。

很多父母自己做不到却强迫孩子做各种各样的事情，主要是因为逼孩子总比逼自己来得容易些，孩子比较弱小，因此更容易被操控。

做了父母，如果你希望孩子活成什么样子，就应该先把自己活成那个样子，或者至少让孩子看到你在往那个方向努力。否则，我们不过是那第二只笨鸟，或者那第三只笨鸟。

10

让孩子太听话也许是个错

"乖孩子"往往长大了都不幸福

在传统甚至严苛的家庭教育下，很多人从小就被教育成听话的"乖孩子"。很多权威思想严重的父母，还会操控孩子，要求孩子处处要听他们的。

难道孩子不该听大人的话吗？要，也不要。

如果仔细分析一下，父母的很多想法和要求也并非合理，甚至很多时候就是为了维护自己的权威或发泄自己的情绪，才对孩子有种种要求。所以我对传统意义上所谓的"听话"教育，是有自己的看法的。

前几年我参加一个心理学课程，其中有一个深度的体验环节，就是让自己如何更好地接受父母。一个年近40岁的女学员哭得一塌糊涂，她说当父母的样子在自己脑海里浮现时，自己就觉得特别委屈。

她在现场分享，说自己从小就非常懂事，她还有个弟弟，有好吃的父母总是让她少吃一点，给弟弟多吃一点，新衣服总是先给弟弟买，后面再给她买，如果手头紧张也许就不给她买了。

因为家里经济紧张，每次交学费，都是弟弟先交，她通常要开学好久之后才交。那时候，老师经常站在讲台上问："谁的学费还没交，站起来。"她就畏畏缩缩地站起来，老师问什么时候交，她通常说要回家再问问。有一次老师说："你别上课了，回家要学费去，什么时候要到了什么时候来上课。"她就哭着离开教室，她怕回家开口要学费让爸爸妈妈感到为难，就在学校后面的桑树林里坐了一天，晚上当作什么事情都没发生，和别的孩子一起放学回家。

后来家里实在是困难，只能供养一个孩子上学，她初中就辍学去外地打工了。父母常在外人面前夸她懂事，她也一直觉得这是做姐姐的本分，甚至曾以牺牲自己的学习机会去供养弟弟上学为荣。但在做深度体验练习时，她发现了压在心底的深层情绪，她觉得心里很委屈，很难受，她压抑了这么多年，才真正认识到自己内心根本不认同这样的对待。她说这么多年来她一直以"懂事"的形象出现在家人、亲友和外人面前，而自己其实并不开心，这么多年也不幸福。

所以最后她哭着说："我现在也有两个孩子，但无论家里多困难，都不会用'懂事听话'绑架他们的人生。"

她的经历也引起了在场很多人的共鸣。

"听话"的孩子在某个阶段会成为别人眼里的乖孩子，得到别人的赞赏，但是长大了往往并不幸福。

人生，终究是要为自己而活

在很多父母看来，教育孩子听话是天经地义的。为什么要让孩子听话？有些家长说这不是为了孩子好吗？有规矩、懂事才是大家眼里的好孩子啊。所以，只要是大人说的话，孩子就得认真听，只要是大人提的要求，孩子就得服从。不听怎么办？很可能会受到惩罚。

殊不知，这样对孩子独立精神的培养是一种极大的伤害，孩子感受到的可能就是：只有听话，他们才会爱我；只有听话，他们才不会打骂我。于是，长此以往，孩子就失去了敢于质疑的勇气和动力，强化了孩子对权威的绝对服从，用"听话"来换取父母的爱和欢心。久而久之，就会导致孩子缺乏主见、缺乏独立思考和判断的能力，又怎能发展自己的自由意志和独立精神？

这个顺从父母的孩子长大后，可能会因为听不到内心真实的声音，没有目标感而随波逐流，就会习惯于听从别人的指令，永远处于"被管理"和"被要求"的状态，在社会上也很难明确自己的定位，赢得别人的尊重。

其实让孩子听话这个要求背后，很可能是父母自身缺乏耐心和不自信的体现，不重视或者没有能力从孩子的需要出发去引导孩子。我相信让孩子听话的背后，更多的是父母自己可以更省心，少一些烦恼，可以把时间花在自己的事情上，甚至在别人面前更有"面子"。

假设一种场景：你的孩子从小就听话，又乖又顺从，慢慢养成了习惯，长大后他（她）考上大学或者出国了，你又无法跟在身边，怎么办？他（她）已经习惯于听从别人指令了，独立思考、自己做主的能力没有培养出来，反而一下子不适应了，那么遇到问题后他（她）就会茫然无知，就会手足无措，就会求助于人。那么接下来他（她）的人生很可能就不是自己主宰，而是由比他（她）更有主见的人来主宰。你希望自己的孩子过这样的人生吗？

我曾经带儿子看过一部电影叫《寻梦环游记》，电影里的主角米格，发出心底的呐喊打动了很多人：你们都已经活过了，我要活自己的人生。

人生，终究是要为自己而活的。

父母，亦无权操控孩子的人生。

第④章

陪伴——我知道你离不开我们

只要父母耐心的杯子永远是满的,确保有足够的快乐和时间与孩子一起分享,孩子就喜欢与我们相处,就会变得更加愿意配合。

——劳拉·马卡姆(Laura Markham)

01

再成功的事业，也无法弥补教育孩子的失败

你把孩子放在什么位置

　　几年前，我在南京给一所高校的总裁班讲课，其中有一部分内容是关于家庭与事业的平衡，引起了很多企业家的共鸣。课间休息时一个女学员找我聊天，说她儿子在家里从不和自己讲话，问他什么都不搭理，问多了就会歇斯底里地争吵，前段时间还搬出去住了，警告父母不要去找他，找他就和家人断绝家庭关系。她讲了和孩子之间的各种问题后，就非常焦虑地问我该怎么办。

　　这位学员口中的儿子17岁了，她和丈夫离婚后孩子跟她生活。因为当初打拼自己的事业，孩子从小就由外婆照顾，很少和她在一起相处，每次聚在一起她只会问孩子成绩怎么样，然后孩子就沉默，接着她就发火，最后不欢而散。她说孩子小的时候，她经常冲孩子发火，现在孩子大了，就开始反过来向她发火。

她当时聊着聊着就哽咽了，在那个当下，我眼里的她不是身家百亿叱咤商海的成功企业家，只是一个面对自己孩子无力又无助的妈妈。她的哽咽声中，除了对孩子的抱怨、指责，更多的是自己的伤心和悔恨。

我当时问了她一句："那些年真的没时间陪孩子吗？"她解释说实在太忙了，那时也不重视孩子的成长，就忽略了。

结合这个案例，我们也一起思考一下：如果把陪伴孩子跟事业、财富、朋友、工作、领导、同事、饭局、麻将、游戏……这些人生的构成元素进行比较，你会如何进行排序呢？哪个在前，哪个在后？到底哪一个最重要？

事实上，无论选择什么都是你的自由，也不能用绝对的对与错去评判，只是，我们要愿意并且能够承担选择所带来的后果。

有一句话叫"再成功的事业，都弥补不了教育孩子的失败"。这对很多人来说，是一个警醒，甚至对很多所谓"忙碌"的人而言，已然成为了一个惨痛的教训。

陪伴孩子是一场渐行渐远的离别

儿童时期，父母如果忽视对孩子的陪伴，会对孩子一生产生很大的负面影响。

这些年常看到一些关于留守儿童问题的报道，这是一个缺乏亲情陪伴的弱势群体。大部分留守儿童在成长中，由于缺乏来自父母足够的关爱，会有安全感的缺失，不少孩子性格会变得内向、敏感、冷漠，甚至孤僻，对孩子人格的完善以及成年后的心理产生了很大的影响。因为缺少监护和照顾导致留守儿童被校园霸凌、自杀或伤人的新闻屡见不鲜。

当然，大部分父母并没有和孩子分开，但这并不代表他们会认真陪伴自己的孩子。比如有些家长认为反正孩子还小，陪伴他们的时间还有很多，所以本可以用来陪伴孩子的时间，用来忙别的事情。

然而时间流逝，光阴荏苒，孩子成长的速度往往超出了我们的想象，不经意间，还在蹒跚学步的孩子，转眼就背起书包进了学校。也许在自己又忙碌了几年之后，孩子就要离家去寻找自己的梦想。

在孩子的成长中，父母和孩子真正相处陪伴的时间，其实远远没有我们想象的多。

> 我儿子出生后，虽然我还在摸索着如何去适应"爸爸"这个角色，但是我觉得多陪伴孩子应该是没错的。没有特殊情况，我都会尽可能在家陪儿子。
>
> 我和儿子可以坐在地上玩大半个小时的球，就那样你扔给我，我扔给你；我们围着桌子一圈一圈地跑着，两个人边跑边叫；我跟儿子不厌其烦地在狭小的空间里玩捉迷藏，即使每次都藏在同一个地方，依然乐此不疲；我们用纸团揉成个球，摆一张凳子做球门，射门比赛，也可以踢很久……
>
> 也许有人会认为很无聊，我太太也说："如果旁边没有孩子，光看你一个人的动作就像个神经病一样。"但我却乐此不疲，我觉得儿子的开心和快乐就是最大的价值。
>
> 周末我和太太想方设法带他去玩，我们去游乐场一起爬上爬下，去动物园看动物，去博物馆参观，一起骑马、玩沙子、荡秋千、坐飞车、划船……

后来有一段时间，我工作特别忙，全国各地到处出差，甚至会去国外，没办法陪伴孩子，我就只能用视频的形式跟儿子交流。有时候，我有一些经历特别想跟儿子分享，他又不在身边，我就用录视频的形式把场景记录下来，回家之后跟儿子一起交流，这样他一样能感受和学习到一些东西。

亲子的爱永远指向分离，陪伴孩子其实是一场渐行渐远的离别，愿你在这场离别中没有遗憾。

02

陪伴重要，但陪伴的质量更重要

别让你的孩子患上"皮肤饥渴症"

我常看到许多新升级的父母，陪伴孩子时缺乏足够的耐心，陪孩子玩一会儿，然后就把他们交给老人看管，自己躲到一旁去玩手机。至少我在游乐场多次看到这样的场景。甚至自己孩子与别的孩子发生了冲突，哭喊起来，自己都不知道。也许那个时候他们可以享受到手机带给自己的短暂快乐，然而被手机绑架而舍弃了与孩子的连接和陪伴，会让孩子失去更多。

如果父母从小培养孩子对爱的寻求与重视，那么孩子成年后在与他人交往时也会具备较高的亲和力。

20世纪40年代提出的"皮肤饥渴症（skin hunger）"概念，强调父母要对婴幼儿经常进行皮肤间的接触，这样婴幼儿才可以更好地发育。而如果孩子皮肤处于"饥渴"状态，心灵也会慢慢陷入孤独和匮乏的感受状态。

在孩子婴幼儿时期，父母的抚爱，尤其是妈妈的抚爱，并伴随轻柔的声音，对建立孩子的安全感很有帮助。皮肤上有大量的神经末梢，在抚触过程中触觉会带动身体感知能力的提升，对孩子的身心发育有重要的促进作用。

现在提倡母乳喂养，从科学育儿的角度来说，除母乳更安全、易于吸收、增强婴儿免疫力和抵抗力，降低妈妈产后抑郁发生率等好处之外，还有重要的一点，是母乳哺育的过程中可以让彼此更亲近，增加了妈妈与孩子的亲密联系。在哺乳的过程中母子拥抱、肌肤相亲、目光相对，极大地满足了婴儿对肌肤抚触的需求，孩子的安全感会更足，内心更安定。

被父母足够陪伴、充分亲近抚触的孩子，对于他（她）的成长历程来说，是非常重要的生命体验，并且在心理健康发育方面也非常重要。

别用忙来回避孩子的陪伴和教育

很多年轻的父母需要为事业奔波忙碌，在如今的社会早已是一种普遍现象，因此也特别能够理解职场中那种"人在江湖，身不由己"的感觉。

但不客气地说，有些父母并不是真的那么忙，他们只是为了逃避陪伴，因此无时无刻不在显得自己非常忙碌。也有的甚至还会跟孩子"高屋建瓴"地灌输着"假大空"的道理，类似于：孩子你看，爸爸妈妈这么忙，都是为了这个家，我们挣钱不容易，工作太辛苦了，你一定要对得起我们，你一定要好好学习，你千万别再给我们添麻烦了……

如果周围其他小朋友的父母都有时间陪他们，而自己的父母却一直没时间来陪伴，这对孩子来说本身就是一种伤害。此外，父母还不断地跟孩子诉苦，这样的语言会传递出什么样的信息呢？

第一，有些内心敏感的孩子可能会为此心怀内疚，父母已经非常辛苦、非常不容易了，如果我还让父母放下工作来陪伴自己，那就是自己不懂事，内心就会觉得对不起父母。

第二，可能会使孩子形成一种错觉，就是上班养家实在是件不容易的事情，赚钱是很难的事情，这样可能对他（她）以后的职业观和金钱观产生负面影响。

第三，孩子在内心可能不愿意长大，不愿意迎接将来的工作和人生，因为父母在用"实际行动"告诉他们，成年人的世界太忙、太苦、太累了，长大了一点儿也不好。

从某种程度上讲，作为父母，多让孩子看到你在生活中轻松快乐、积极乐观的一面，更有利于他（她）养成对美好生活向往的态度，对他（她）的成长和发展更有利。

所以，无论多忙，都要抽一些时间来陪陪孩子，无论多忙，也不要经常在孩子面前诉苦抱怨，孩子不是你的情绪"垃圾桶"。

其实，只要陪伴的质量足够，就算每天单独抽出十分钟的时间，陪孩子聊聊天，玩一会儿游戏，读一会儿绘本，都很好。

我们要清楚，对孩子的陪伴和教育是不可逆的，时间过去就过去了，后面即使你去弥补，可能再也找不回原来的感觉和效果。我们也相信，忙碌与陪伴，在很多时候，并非二选一的选择题，其实很大程度上是可以兼顾的。

此外，陪伴孩子也并不是爸爸或者妈妈某一个人的事情，是需要两个人互相配合共同完成的事情，爸爸和妈妈给孩子带来的影响是有很大不同的，我会在后面着重分享父爱和母爱的不同意义。

可以为孩子植入你的经历

有一次在南方给一家大型央企讲课，课间休息时一位学员找我交流，说因为工作要求自己要经常驻外，去国外援建工程项目，时间久了，家里的两个孩子都感觉跟他比较陌生，他很想跟孩子建立良好的亲子关系，但是又不能经常见面该怎么办？

我想了一下，问他在那边方便上网吗，在得到他的肯定回答后，我就建议他跟孩子定期以视频的形式进行交流。他说："我该聊点什么呢？之前也视频过，但是每次说完常规的几句话就没话说了，互相沉默，有点尴尬。"他有点不好意思地笑了一下。

看得出来，这是一位典型理工科背景的男性，人很实在，很爱自己的孩子和家人，但就是不爱表达，尤其是感性的话不太能说出口。

我就跟他建议，不需要每次都聊你多么想念孩子，可以聊一聊你所在国家和地区的风土人情，当地的习俗文化、生活习惯，以及你每天的工作经历、工作内容还有你的想法感受就很好。

他高兴地说回去试试，我们现场还互加了微信。

后来他很开心地给我发信息，说每次跟孩子聊工作上的事情，他都停不下来，一开始他还担心孩子不愿意听或者听不懂，没想到两个孩子每次都听得入神，还会争着问他很多问题，他顺便还能把孩子的一些作业问题也给解决了，太太也很欢喜，说没想到他人在国外也能指望得上。

这种工作性质的朋友不在少数，还有的夫妻常年分居两地，孩子也只能跟随一方生活，如此一来孩子就会对另一方比较有疏离感。好在如今网络和通信技术很发达，只要我们愿意，就基本可以解决沟通交流的问题，远程陪伴也会有不错的效果。

因为工作和学习的原因，我会去全国很多地方出差，偶尔也会去国外的一些地方。很多时候没办法带着儿子一起去体验。于是，我就录一些视频，一边录一边跟儿子讲解，然后发给儿子看一看。

　　有句话叫"不去观世界，哪来世界观"。我愿意给儿子"植入"一些自己的经历，是因为我希望自己是儿子在童年时期的另外一双眼睛，通过这双眼睛，让儿子多看到一些新鲜的事物，打开自己的视野，构建自己最初的世界观。等他慢慢长大后，他会带着一分好奇和期待，用自己的眼睛亲自去观察这个世界，用自己的脚步亲自去丈量这个世界。我想，这也是另一种陪伴吧。

03

教导孩子的态度与方法

不要"欺负"自己的孩子

有一次给一家企业讲课，我现场问了一个问题："如果自己的情绪很糟糕，一般会怎么处理？"一个学员脱口而出："回家打孩子！"大家哄堂大笑。

我倒吸了一口冷气，问他："你孩子今年多大了？"

"快8岁了。"

我继续问他："那如果有一天你儿子长得比你高大，比你有力量，你还会打他吗？"

他笑了笑："打不过了还怎么打啊。"

我说："对啊，现在你儿子比你弱小，你不开心了打他，有一天打不过你就停手了，那你现在不就是在欺负弱小吗？"

他讪讪地笑着就不说话了。

这个学员当时跟我互动的音容状态我都还记得，其他学员也都是笑嘻嘻地看着。我知道他脱口而出的这个答案也许有开玩笑的成分，但是生活中"欺负"孩子的父母还少吗？

孩子比你弱小，比你迟缓，比你无知，所以你就可以用语言暴力，可以用肢体暴力吗？

我们可以自省一下，有没有"欺负"过自己的孩子？

我们教育孩子，除了打骂，往往也会忽略孩子在他（她）那个时期的生理、心理以及智力的发育水平，很容易站在成年人自我的角度去评判孩子的能力和表现，甚至有很多期待超出了孩子该有的水平。

教导的态度和方法，比教导的内容更重要

有一位父亲，曾经用一天时间教自己的女儿两个字："广"和"厂"，一直教到小女孩哈欠连连，以至于完全混淆，根本认不出这两个字。然后这个父亲气呼呼地说这孩子就是笨，脑子不灵光。女儿只能可怜兮兮地接受着数落。这是我小时候亲眼看到的一件事情。

有一次，有个学员跟我聊天，谈到他上一年级的儿子要在一次班级的活动中上台发言，发言稿一共就6句话，但是怎么教都记不住，老是颠三倒四，说得乱七八糟，越教越生气，对孩子吼、打都没用。这哪儿是打可以解决的问题？甚至你会发现打过之后孩子他（她）反应变得更迟钝了。

阿德勒在《儿童的人格教育》这本书里，提到过梅林克的一个童话故事，叫《癞蛤蟆的逃脱》，我们结合这个寓言故事来看看孩子被父母恐吓、打骂、压制、嘲笑后的表现。

癞蛤蟆遇到一个长有千足的动物，并马上注意到这个千足动物有一种非常值得关注的能力——它能够很好地支配1000只脚先后迈出的顺序。于是癞蛤蟆就问它："你能告诉我你行走的时候最先迈哪只脚，又如何先后迈出其他999只脚吗？"千足动物就开始思考这个问题，并观察自己脚的运动，想弄清楚自己如何依次迈出他的脚，结果最后它被弄糊涂了，竟连一只脚也迈不出去。

这个寓言故事就是说明人在短时间内强化自己某方面的行为或者记忆，引起功能紊乱的经典例子。

一个人如果有意识地控制自己的动作，会引起相应功能的紊乱。而且经验告诉我们，短时间内越是强化一种行为，越有可能手足无措。比如说，你长时间盯着一个汉字去看，看着看着你会觉得这个字越来越陌生，最后可能完全不认得，过一会儿再看，你就回到了原来熟悉的感觉。

作为成年人，我们对于很多常识性的东西早已习以为常，那是因为有大量的经验积累，而孩子在接触一个新知识的时候，总会需要一个阶段和过程来适应，而我们往往不太能接受和包容这个适应的过程，因此很容易失去耐心，开始急躁、发火、吼叫、动手，甚至做出很多拔苗助长的行为，这就容易引发孩子的功能紊乱。

回到前面的两个例子来。

对于"广"和"厂"这两个字的区别，一开始小女孩记住了，但是在那个父亲不断重复、不断强化的过程中，小女孩就记乱了。然后这个父亲就归咎于孩子太笨、脑子不好使，并不断打击和伤害这个孩子，这就已经背离了教育的意义。孩子在这个过程中得到的只有否定、挫败和痛苦，至于记不记得住那两个字，已经不重要了。如果换一种方法，父母用形象的举例或者故事进行讲解，孩子也许一下子就记住了。或者索性停下来，让孩子完成放松，玩一会儿之后再教。无论哪一种，都比在短时间不停地重复和指责更有效果。

一年级的孩子要上台发言，一共6句话，客观来看这个任务并不算难，也许孩子一开始有了一些感觉，但是在父母焦急地催促和压力下，孩子开始慌乱，于是开始表达得颠三倒四，这时候父母更加焦虑，继续给孩子传递这种情绪，甚至吼叫、打骂，于是孩子就像那只千足动物一样，已经不知道该迈哪一条腿了。这时候催促、着急、打骂解决不了任何问题。

父母认为孩子"笨""不灵光"或者"有问题"，往往是因为自己不会教，没有方法，同时又管理不好自己的情绪，最后孩子的认知紊乱、没有头绪了，父母还要把责任归咎于孩子。要知道，这时父母要教的内容已经不重要了，孩子学会了一点知识，却被骂得内心都是伤，孰轻孰重呢？

04

隔代教育的冲突与化解

老人带孩子的利弊

在我国传统的家庭模式里，老人退休了带孙辈似乎是天经地义的事情，尤其现在很多年轻人毕业后为了追求更好的发展空间，往往会去经济更发达的城市求职打拼，继而组建家庭。孩子出生后，也只能请老人帮忙带孩子。

而我们都听过"隔代亲"这样的说法，老人带孩子，一方面会对孩子更加疼爱，宽容，甚至放纵；另一方面不想管太多的麻烦事，只要孩子开心，不吵不闹，能满足孩子的都尽量会满足。

此外，人在衰老的过程中，常常担心自己没有价值，会产生一种自卑感和危机意识，因此，老人们为了使自己在孩子眼里显得重要，也容易溺爱孩子。因此，从某种程度来讲，隔代亲有时也是老人的一种心理需要。

而对于孩子来讲，谁宠爱他（她），他（她）就跟谁更亲近，谁对他（她）更严格，他（她）就会疏远谁。这样往往导致孩子容易亲近老人而疏远父母，甚至老人对孩子的影响超过了孩子的父母。这样一来，就会在家庭教育方面出现不少问题，甚至产生冲突。

所以老人带孩子，在分担年轻人带孩子压力的同时，也容易衍生出很多家庭问题。

老人带孩子的烦恼

一位妈妈说，自己和老公工作都非常忙，就请孩子的爷爷帮忙带女儿。老人退休前在老家县城的图书馆工作，有些文化，但非常强势，因此孩子的教育都是爷爷说了算。但问题是妈妈认为爷爷的教育方式有点自以为是，有些做法是不可取的。

这位爷爷过分关注孩子的学习，每天放学都要出题给孩子做，除了识字和背古诗，每天还强制做50道数学题。以至于女儿一回到家就哭丧着脸，孩子还不到4岁，妈妈生怕女儿很小就开始厌学，想让孩子稍微大一些再学数学，但爷爷不同意，说孩子都是逼出来的。而且爷爷认为孙女参加跳舞和绘画班，完全是浪费时间和金钱，对于未来的发展没有用处。老人家坚定地信奉"万般皆下品，唯有读书高"，在他眼里只有考试成绩最重要，其他的都不重要。

虽然爷爷对孩子学习极为严格，但生活上却无底线地娇惯孩子，基本上要什么买什么。孙女喜欢吃彩虹糖和巧克力，爷爷就隔三差五地买，用老人的话说："现在条件好了，要让孩子吃个够。"后来孩子牙疼，去牙诊所一检查，有13颗蛀牙，其中3颗需要做根管治疗。孙女吃饭慢，爷爷就一直喂着吃，吃完就要求孙女做自己布置的作业，小女孩本来吃饭就慢，吃完了还要做题，心里更加抵触，于是每次吃饭都故意磨蹭，而爷爷就不停地喂饭和催促，着急了还会发火，现在已经成了恶性循环。

　　妈妈很重视女儿的专注力培养，但是爷爷经常随意打断孩子。比如孩子正在专注地画画，爷爷就过来说："别画了，来做几道题。"孩子正在看动画片，爷爷会过来说："走，爷爷带你去超市。"

　　一开始，妈妈还会和爷爷沟通一下自己的看法，但是几次下来，爷爷无动于衷，甚至大发脾气，于是她只能闷在心里，又很难受，说有几次自己只能偷偷地在房间哭。

　　这只是仅举一例而已，事实上，老人带孩子可能出现的问题不仅这一种，而且我所知道的问题更严重的家庭也不在少数。这些问题的确让年轻的父母们头疼不已，又不知道该如何妥善解决。

隔代教育的冲突

　　对于隔代教育的冲突，总结下来主要有以下几点：

1. 教育理念的差异

　　我们这代人在接受传统教育理念的同时，也受到不少西方教育理念的影响。而上一代老人秉承着传统的教育观点，甚至认为只有他们是对的，他们既然可以把自己的子女教育成材，当然也可以铸就孙辈成为栋梁，所以容易犯经验主义错误，忘记了教育的与时俱进。还会有极少数强势惯了的老人，为了彰显自己在家中的权威和地位，经常跟子女唱反调，让孩子在老人面前变得有恃无恐。于是家庭中就有了各种各样的冲突。

2. 不一致的角度和感受

　　我们的父母会说："我们把你教育成这样，挺成功呀。"但我们自己会说：

"你们的那种教育，让我身心都受到了伤害，我不能让孩子有同样的经历。"父母可能会很不以为然："你不也长大成人了吗？你不也成材了吗？你今天的发展不也还可以吗？"于是矛盾就从孩子的教育问题，衍生到了我们和上一代人之间的彼此否定和攻击，这个是当前的很多家庭都会遇到的。

3. "隔代亲"造成的矛盾

在我们小时候，父母对我们非常严格，甚至奉行"棍棒之下出孝子"的教育理念。而我们的孩子出生后，他们对孙子孙女就完全变了个样子，孩子说什么都对，做什么都好，什么要求都答应。这种巨大的反差，一方面我们自己心理上不太能接受，另一方面会把孩子惯坏。但你一去纠正，他们就会一味地偏袒和阻止："孩子还小，你对他（她）那么严格干什么？"

4. 沟通不畅的问题

有时老人的做法有他们的道理，但我们常常在不了解他们真实想法的情况下就否定他们，长此以往，导致父母对我们也有了成见。跟老人在一起，谈到关于孩子教育问题的时候，一定要让他们把话说完整，你要知道他们的目的是什么，这样做能不能达到他们的目的？在充分了解他们动机的基础上再做判断。就算有冲突也是因为爱孩子，那双方在这个大前提下就可以进行充分的沟通和交流。

5. 感情基础不好

原本和老人的关系就不是非常亲密，如存在一些感情方面的问题或者冲突，但为了带孩子又生活在一起。在一起朝夕相处久了，耐心消磨殆尽，生活中一些琐碎的事情就很容易成为争吵的"导火索"，导致家庭中经常出现各种矛盾。

老人带孩子的确会有一些问题产生，不过话说回来，就算自己带孩子，相信同样会遇到很多问题。正如有些人年轻时，常抱怨父母无能，甚至暗暗许下诺言，自己以后千万不要像父母那样活着，更不要像父母对待自己那般对待自己的孩子。可成家立业之后，我们面对相似的事情，面对自己的孩子，也常会有力不从心的感觉，原来做好一件事情，维护好一个家庭并不容易，人生会有很多无奈。

如何解决隔代教育的问题？

作为父母，一方面要用平常心去看待教育孩子的问题，另一方面要能够有效解决出现的矛盾冲突。对于这些问题，我希望以下的方法能够给大家带来一些启发和帮助。

首先，教育孩子的规则要保持恒定和统一。

客观来看，现在的父母文化水平整体比上一代人高，大家也会发现，父母亲自抚养的孩子规矩和习惯会更好一些。因为自己带孩子，容易建立起很好的规则，然而同样的规则在老人面前，就容易被破坏。因此在给孩子建立规则的过程中，一方要坚持，一方要破坏，就麻烦了。

孩子是很聪明的，在相处中很快就会知道每个人对他（她）的底线，于是会有自己的判断：有些事在父母那里不行，但在老人那里就可以。他们就会"看人下菜碟"，基于对象去看待规则要不要遵守，要求能不能提。

这种情况下，父母一定要和老人沟通到位，明确规则，说明利害。当然，要避开孩子，不能在孩子面前发生争执，否则最后争执不下或老人坚持自己的观点，会让孩子坚定自己的判断和想法：老人就是他（她）的"护身符"。如此一来，父母的权威性在孩子面前将荡然无存。

所以教育孩子，规则不能有双重标准，要恒定统一。

其次，要学会客观看待我们对父母的偏见和情绪。

不知道大家会不会有一种感受：有时我们的父母一开口，先不管他们说的对不对，我们就已经有情绪了，甚至直接火冒三丈。这是对父母的一种偏见，因为我们代入了自己童年的感受。

很多隔代教育的冲突其实不是教育孩子的冲突，而是我们自己与父母之间的冲突，也就是以现在孩子的教育问题为战场，我们和上一代早年的冲突，通过孩子教育问题进行再现，但这种冲突最后受影响最大的，一定是我们的孩子。

因此，我们也要有个觉察：因孩子教育问题与父母产生冲突，是否代入了自己的情绪感受？

再次，确定每个人照顾孩子的边界和权限。

这是一种比较有效的方式。我们请老人过来帮忙带孩子之前，需要先和老人做好明确的分工，设定清晰的界限，把父母和老人负责的内容分清。比如，老人负责孩子的生活起居和学校接送，父母负责孩子的成长教育和制定奖惩规则。每天下班后，孩子就由父母接手，老人可以出去散散心，有自己放松的时间。这样会避免两代人对孩子的交叉管理，降低发生冲突的可能性。

最后，如果和老人相处过程中的确产生了很多问题和矛盾，甚至已经影响了孩子的健康成长和正常的生活方式，那么带着足够的尊重劝说老人回家颐养天年，自己负责带孩子，也是一个选择。

05

"熊孩子"的背后，往往有个"熊家长"

你遇到过"熊孩子"吗？

前几天在微博上，看到一篇批评"熊孩子"的帖子，从网友的描述中，他遇到的"熊孩子"的确很过分，有很多网友纷纷跟帖评论自己被"熊孩子"折磨的经历。

需要说明的是，"熊孩子"只是一个网络语，一般被网友们界定为那些乱翻东西、搞破坏、不守规矩、无法无天的孩子。在此谨引用这个说法来泛指在成长期没有建立规则感的孩子。

在外面遇到没有规则感的孩子，的确会让人苦恼。有一次我出差，飞机进入巡航阶段后，一个五六岁的孩子不停地把椅背上的小桌板掀起来落下去，前排的那位乘客回头跟孩子的父母沟通，结果那对夫妻坐在旁边玩手机，似乎不以为然，两方差点吵起来，最后乘务员帮前排的乘客换了个座位之后事件才平息。

一般而言，孩子在 3 岁以后，父母就可以帮助他们养成良好的习惯和规矩。如果父母把孩子的自由和快乐放在第一位，却疏忽了生活准则和应有的素养方面的教育，那么这并不是释放天性，而是放纵和溺爱的体现。

比如坐地铁或者公交，我们经常会看到有的孩子在车厢里大喊大叫、跑来跑去，抓着栏杆翻滚；比如在餐厅吃饭，经常会有孩子大喊大叫，你追我赶，而父母长辈在旁边却熟视无睹，视若往常。在这种环境和教养方式下长大的孩子，是不懂得规则的。在公共场合不懂规则和没有底线，的确会令人不喜。而父母作为监护人，如果不及时去阻止和干涉，反而在一旁认可甚至鼓励，就更令人无法接受了。如果父母一直是这样的教养模式，孩子长大了很难会站在他人的角度去体会别人的感受，最终一定会影响和伤害到自己的人际关系。

真正的自由不在行动，而在心灵，让孩子成为一个自律、自知的人，才能拥有更多可以选择未来的自由。

"人之初，性本善"。孩子最初就像是一张白纸，但如果遇到对孩子溺爱和放纵的父母，这张白纸终究难以变成一幅佳作。

大家遇到的那些没有规则感的孩子，其身后往往都有一个借口"孩子小不懂事"的家长。在有些父母眼中，自己家的孩子一切都没有问题，哪怕是侵犯了别人的利益。

所以，很多时候大家厌恶的并不仅仅是那个孩子，更是站在孩子后面为其"撑腰"的家长。

"熊孩子"的养成，家长有责任

"熊孩子"，并不是一天形成的，这往往跟孩子父母的教养方式和培养理念有着密不可分的关系。因此，这类孩子的有效改变，首先是父母的亲子理念要先发生变化。

但在现实生活中并没有那么容易。

很多学校的老师反映说，比较起来，跟"熊孩子"打交道反而比跟"熊孩子"的家长打交道更容易一些。

为什么这么说？主要是"熊孩子"的家长很少会意识到自己的教养方式有问题，也不愿听取别人的建议。当这类家长从别人口中听到自己孩子有问题时，他们会感到难堪、愤怒、没面子、不耐烦，甚至会产生莫名其妙的敌意和对抗情绪，跟别人发生冲突。就算有些父母了解到自己孩子的问题，但他们依然选择熟视无睹，不加干预。

可是要知道，如果父母不承担教育子女的责任，那么孩子将来到了社会上，很可能会被别人"教育"的。

相信很多人都对公交车上乘客打孩子事件有印象。某地一辆公交车上，一名7岁小男孩用脚连续踢了一名男子几次，男子一开始默默看着孩子踢他，最后耐心耗尽了，抓起孩子一把摔到地上，接着暴打了孩子一顿。网上也有人指责这名男子，但热评排第一的竟然是"这个人干了我不敢干的事"，而且大部分的声音都说这孩子不值得同情。

当然，无论怎样，殴打弱小的孩子都是不对的，但是单从网友的各种评论上就可以看出，社会上对于"熊孩子"的态度已经没那么包容了。事实上，我们冷静下来看这件事情，舆论的情绪宣泄，针对的并不是孩子，而是管教孩子失职的家长。

让孩子从小懂规则，守界限，才是对孩子最好的保护。而规则和界限的建立，需要父母的言传身教，需要从身边的小事做起。

有一次，我和儿子一起下楼，出门前我们每人嘴里含了一颗车厘子。我到楼下的时候，就把果核一口吐了出去，儿子接着"噗"的一声，吐得比我还要远，然后一脸得意地看着我，那样子很明显是因为吐得比我远而产生的优越感。我看着儿子一脸得意的小脸，立刻觉得我做得很不妥，我赶紧跑过去，把自己吐出去的核捡起来扔到垃圾桶，然后认真地跟儿子讲："儿子，你吐得比爸爸远，比爸爸厉害，但是爸爸刚才的做法是错的，我要改正，也希望你不要跟爸爸学刚才的做法可以吗？"儿子看着我，认真地点了点头。然后我问他："你愿意把刚才吐掉的那个核捡起来扔到垃圾桶吗？"儿子表示愿意，于是也跑过去捡起果核扔进了垃圾桶。

站在客观的角度来看，在生活中看到孩子暴露出的很多问题，其实反映出有很多父母在某些方面做得并不是很好，他们也存在很多问题，因此，不能把孩子身上出现的问题片面地认为是孩子自身的问题，而很少去反思自己是否有做得不妥当的地方，这是亲子教育中很大的误区。

06

父母要为孩子建立规则意识

如何给孩子建立规则

莎士比亚说："自由的前提是自律。"

自由不是随心所欲，如果没有自律，没有规则意识，任何人最终都会以失去自由为代价。作为家长，我们首先要清楚地认识到这一点，同时真正能够自律，否则约束孩子只是空谈。

因此，父母一定要在孩子成长的过程中，帮助他（她）建立明确的规则意识。

对于给孩子建立规则意识，我认为先紧后松好过先松后紧。在小时候建立规则比长大了再去约束会更有效果，也相对容易得多。

就如前面提到的"熊孩子"，往往都是在3~6岁没建立好规则的结果。3~6岁这个阶段的孩子有其发展的特点，比如跟之前相比越来越有主动性，开始对外界进行更多的探索，这边碰碰，那边摸摸，当然这些行为中也包括很多成年人眼里"搞破坏"的部分。那么，父母在这个阶段就要明确地跟孩子讲清楚：哪些行为可以做，哪些不能做，哪些话可以说，哪些不能说。

孩子向外探索的发展主要是借助于跟父亲的互动，这个阶段父亲的作用会越来越显著，因此，父亲在此阶段要多介入孩子的成长和约束，展现相应的权威性。

> 我儿子大概4岁左右，我在淘宝上买了一把戒尺，摆在家里比较显眼的地方。我告诉儿子，这个木片叫戒尺，戒是惩戒、警告的意思，尺是尺度、规矩的意思，如果违反了规矩，就会受到惩戒。古时候小孩做错事情经常会被用戒尺打手，你也一样，如果做错了，大人提醒你之后还不改，我就会用这个打你的手心。每当他有些不恰当的行为出现，我会提醒他，如果还不改正，我就会指指那把戒尺，他就收敛很多。

那把戒尺现在依然摆在家里显眼的位置，虽然很少会用到，可是有它在，就会让孩子有一份警醒和尺度在心中。

如何坚守和执行规则

规则容易制定，但难在坚持和执行。

执行规则真的不容易，一方面是父母自己没办法坚持下去，另一方面是当看到孩子因违规而必须接受惩罚时，父母很容易因"爱"让步。连续几次之后，之前的规则就形同虚设了。

但是，规则毕竟是用来执行的，当孩子用无所谓的态度对待规则时，父母又不及时约束，总有一天你会因为忍无可忍而大发雷霆，和孩子产生更激烈的冲突，最后结果往往是两败俱伤。此时你发现不但没有帮到他（她），反而破坏了亲子关系，这样的结果一定不是你想要的。

坚定地执行规则，才是对孩子真正的爱与支持的表现，奖惩并施，才能帮孩子改掉不良的行为习惯，而孩子也会因此获得成长和进步。

需要强调的是，惩罚虽然有必要，但父母制定的惩罚措施应该是有效惩罚，要与错误行为的改进有关联性，而不是与行为本身无关的惩罚。同时要注意适度，过轻或者过重的惩罚都不适宜。

比如孩子没有遵守准时回家的时间，就取消第二天出去玩的资格，让他学会遵守时间。而不是没遵守回家的时间，所以被罚写三遍作业，或被父母打一顿。

与错误有关联的惩罚相对来讲更容易被孩子接受。假设每次孩子犯错，父母就罚他写作业，那么孩子就会对作业产生抵触——作业原来是作为惩罚用的。你希望孩子平时养成积极主动完成作业的好习惯，但又让孩子加重了对作业的反感，这本身也是一种矛盾。

同样，我们说的惩罚要适度，不能太轻，也不宜过重。惩罚是为了让孩子关注事情本身，就事论事地去改正，而不是轻描淡写地放过，或给孩子施加很大的痛苦。如果犯了错你轻易放过了，孩子就会不断突破底线，变本加厉。反之，如果犯了错就会受到激烈的打骂，孩子可能会过多地关注自身的恐惧和痛苦，对解决问题并没有直接帮助，反而会带来副作用，也会破坏亲子关系。

卢梭曾说过，三种对孩子不但无益反而有害的教育方法是：讲道理、发脾气、刻意感动。那么，明确规则后，少讲道理讨价还价，保持相对平和，也不要失去原则，就是我们建立和执行规则的指导方针。

07

延迟满足很重要，但更重要的是……

父母要做好孩子与"低级快乐"之间的防火墙

美国社会学家芭芭拉·艾伦瑞克 (Barbara Ehrenreich)，曾潜入美国底层社会卧底 8 年，她从佛罗里达州的一个小服务员做起，研究底层社会的群体是如何工作和生活的，思考他们为什么会一直处于社会的底层。基于深刻的体验和研究，她完成了一本著作——《我在底层的生活》，这本书盘踞亚马逊畅销书榜长达 12 年，被翻译为全球 14 个语言的版本。她发现，越是处于社会底层的人，越是会用一种"消耗型"的方式来寻求快乐，比如肥皂剧、毒品、电子游戏。而越是处于高层次的人，越是会用一种"补充型"的方式来寻求快乐，比如健身、阅读、学习。而不同行为造成的发展和收入上的差距，则越来越大。

这不仅是美国底层民众的故事，也是属于我们每一个人的现实。

现在有一个词叫"穷忙族"，如果你仔细观察，"穷忙族"往往都跟一个东西分不开——手机。为什么？因为手机能带来很多"短平快"的即时快乐，短视频、游戏、段子……这些内容随时更新，让人无法自拔，这就占用了大量本可以用来看书学习、锻炼身体、提升能力的时间，以至于很多人看起来很忙，但是忙得并没有意义。

人生要想获得大的成长，那就要付出大的努力，要踏踏实实地学习，甚至要花时间进行刻意练习，而这些长期的"价值快乐"，短时间内是无法获得的。所有看起来的毫不费力，背后都付出了大量的努力，非常不容易。可手机等电子产品能带来的"低级快乐"却是近在眼前，唾手可得的。两相比较，有多少人能经得起这个诱惑呢？

成年人尚且如此，那孩子呢？

当孩子体会到这种"低级快乐"带来的快感后，更没有自制力能够做到拿得起、放得下。

所以，避免孩子在这种低级快乐中沦陷，是父母的首要责任。

作为家长，父母是孩子和"低级快乐"之间的一道防火墙。但是，这道防火墙如何发挥作用，能发挥多大的作用，则因人而异了，核心点还在于父母的自律能力。

棉花糖实验与延迟满足

有一天晚上，儿子要玩手机，我让他洗完澡再玩，他就开始闹脾气，太太就给儿子讲了她认识的一个孩子的故事。那个孩子比儿子大3岁，当时上小学二年级，因为在学校里表现非常好，有一天老师就奖励了他3颗糖果，他和另外一个获得奖励的同学一起回家，在路上那个同学很快就把3颗糖果吃掉了，虽然他也特别想吃，但又想跟父母一起分享快乐，就忍着诱惑一直到家。

然后太太跟儿子讲，人要学会延迟满足。那个时候儿子大概5岁左右，他好奇地问，什么叫延迟满足？

我作为培训老师的职业病突然犯了，就跟儿子讲了一个关于延迟满足的实验，叫"棉花糖实验"。

20世纪60年代，斯坦福大学心理学家沃尔特·米歇尔（Walter Mischel）招募了数十名5岁左右的孩子，共同参与一个有趣的实验。米歇尔和他的助手们把这群孩子带进一个大房间，然后给每个孩子发了1颗棉花糖。研究人员告诉孩子们，自己有事情要离开一会儿，如果回来后，坚持没有吃掉棉花糖的孩子，就可以得到额外的1颗棉花糖作为奖励，如果吃掉了，则没有奖励。最终实验结果显示，其中2/3的孩子吃了棉花糖，1/3的孩子则坚持到实验人员回来，得到了奖赏。

工作人员对参与实验的孩子做了多年的后续跟踪调查，他们发现，那些能够抵抗棉花糖诱惑的孩子，在集中注意力和推理能力方面表现得都比别的孩子好，整体来看，他们的学习成绩也比快速吃掉棉花糖的孩子更为突出。

根据这种等待中展现的自我控制能力以及对个体发展的影响，米歇尔教授提出了"延迟满足"的概念，并引起了心理学界的重视。

所谓"延迟满足"，是指一种甘愿为更有价值的长远结果而放弃即时满足的抉择取向，以及在等待期中展示的自我控制能力。通俗地讲，就是我们为了追求更大的目标，获得更大的成果，要学会克制自己当下的欲望，放弃眼前的诱惑。

这个版本的"棉花糖实验"我猜测不少人都有所了解，主持这项实验的心理学家沃尔特·米歇尔，也因为他在认知结构和自控能力方面的研究成果，被誉为"自控力之父"。

我给儿子讲了这个"棉花糖实验"之后，儿子似乎理解了"延迟满足"的概念。后面当儿子要完成一件事情，又对眼前的诱惑割舍不下时，我就会问他："那个'棉花糖实验'还记得吗？"大部分情况下他都会有所改善。

"棉花糖实验"之后的实验

后面我又查阅了一些相关资料，发现"延迟满足"对于孩子的影响只是实验的表层效果，其深层效果其实跟成年人能否信守承诺有着更深层的关联。

据说在米歇尔之后，罗彻斯特大学的塞莱斯特·基德（Celeste Kidd）教授又重新做了"棉花糖实验"。不同的是，在真正的"棉花糖实验"之前，他们先做了两个"承诺兑现"实验。

研究人员将一群孩子分为人数相同的A、B两组，先让两组孩子和实验人员一起画画，一开始用的都是旧蜡笔。研究人员告诉孩子们："我们还有很多新蜡笔，我现在去拿一些漂亮的新蜡笔来。"几分钟后，A组研究人员拿着新蜡笔回来了，而B组研究人员则空手而归，他们对孩子们道歉："对不起，是我记错了，其实已经没有新蜡笔了。"

蜡笔实验之后，A、B两组孩子进入了贴纸实验，同样的情况又重复一遍，这次研究人员是许诺有新的贴纸。同样，A组孩子得到了新的漂亮贴纸，而B组孩子得到的仍然是道歉。

这两次试验之后，基德教授引入了"棉花糖实验"。实验过程跟之前米歇尔教授的完全一样，但是实验结果却差别很大：A组孩子通过测试的人数比B组的孩子高出了四倍。

两次实验结果相比较，我们发现了什么呢？

后一次"棉花糖实验"中，研究人员前两次完全不同的行为结果，成了两组孩子自控力表现的重要参考。A组实验人员连续两次承诺都兑现了，孩子们对接下来的预期就有信心。而B组实验人员连续两次承诺都没有实现，导致绝大部分孩子认为与其花时间等待一个虚幻的结果，还不如先享受眼前的美味。

回到现实生活中，如果孩子身处一个信守诺言的环境，父母答应了孩子之后能够坚决做到，那孩子就会更愿意自控。可如果孩子经常被父母出尔反尔、连哄带骗去做一些事情，孩子就会失去对父母的信任，也就很难产生良好的自控行为。

比如说，家长为了鼓励孩子快速完成作业，就对孩子做出了承诺：

"快点写，把这10道题做完，我就带你出去玩。"孩子很开心，一会儿就做完了。

"呦，这么快就做完啦？来，这边还有10道。"孩子就崩溃了。

这种情境出现多了，孩子就会拒绝父母的要求。因此，我们要看到，这个实验本身没有问题，但要想让自己的孩子产生自控力，学会"延迟满足"，必须基于两点：

（1）孩子要有自主选择权，而不是来自父母的强压。

（2）孩子有足够的安全感，以及对父母产生充分的信任感。

否则，让孩子学会"延迟满足"就会很难。

08

父母千万不要代替孩子成长

现在的家庭越来越重视孩子，一方面是大部分家庭只有一个孩子，可以做到优生优养；另一方面是因为物质条件改善了，父母有条件也有能力满足孩子的各种需要。但需要警惕的是，在这种优越的成长环境下，如果父母照顾得越周到，孩子越容易变得低能。

对于早期孩子探索意识、知识积累、自我表现方面的培养，的确很多父母会重点关注，但对于孩子的人文精神、情感关怀、自理能力等方面，往往重视程度不够。

很多孩子在幼儿园阶段，会计算 100 以内的加减法，但是看到别的小朋友摔倒了，能主动去扶起来或跑过去安慰的小朋友并不多。有不少孩子在小学阶段甚至幼儿园阶段时，就能够和外国人熟练地进行英文对话交流，但是系鞋带、叠衣服却不会。

儿子上幼儿园时，有一次老师让孩子们独立完成一项任务——系鞋带，但这个任务看似简单，整个班级却很少有孩子能够独立完成。系鞋带在很多家长的眼里，似乎微不足道，有的认为孩子还小啊，我们帮忙搞定就行啦。但事实上，系鞋带可以看出孩子的多项能力，比如孩子的观察能力、动脑能力、动手能力、手眼协调能力和精细动作的操作能力，同时也是生活自理能力的体现。而如果平时不让孩子尝试和锻炼，这些能力在短时间是没办法掌握的。

父母代替不了孩子的成长

> 有一次我在长春讲课，有一位学员说自己孩子15岁了，在家里特别懒，什么事情都不做，房间从来不收拾，前脚给他整理好，后脚就搞得一塌糊涂，也从不做家务。她问这样的孩子该怎么办？我问她："小时候你让他做过家务吗？"她说："没有啊，小时候觉得他太小了，能做什么家务呢？而且那时候学校的作业也多，总想着让他学习，就没让他做过什么家务。"
>
> 我说："小时候没培养好生活习惯，大了就会像你说的那样，变懒了。"

我目前主要给企业讲管理和领导力方面的课程，在企业管理领域经常会提到一个概念，叫可迁移能力。所谓可迁移能力，就是员工从一个岗位转到另一个岗位，或从一个行业跨到另一个行业后可复用的能力。

我们要清楚，学习是一个连续的过程，在这个过程中，任何学习都是在学习者已经具有的知识经验和认知结构中，已经获得的动作技能、习得的态度等基础上进行的。而新的学习过程及其结果，又会对学习者原有知识经验、技能和态度甚至学习策略等产生影响，这种新旧学习之间的相互影响就是学习的迁移。

简单地说，就是一种学习能力对另一种学习能力的关联性影响。

对于孩子来讲，做家务的能力与学习的能力同样也是可以迁移的。孩子在做家务过程中培养出来的认真的习惯、踏实的态度、一丝不苟的精神，在学习方面同样重要，同样可以展现出来。

我们提倡父母要参与陪伴孩子的成长，但是，多陪伴并不是要把孩子当作家庭的中心，甚至全家人围着孩子转，什么事情都舍不得孩子去做，这对锻炼孩子的能力没有任何帮助。

中国有句老话，叫"懒妈养出勤快孩子"，的确如此。当然这个"懒"，是需要加引号的。

让孩子从小就参与做家务事

从儿子 3 岁起，我家每到周末打扫卫生的时候，一定会给儿子安排一个"重要任务"，比如擦卫生间的玻璃、清理洗手池或者擦地板，并且告诉他这些任务非常重要，必须认真仔细才能完成。我们很认真地跟儿子讲，我们是一个家庭，你是家庭中的重要一员，这个家要保持清洁卫生、整洁漂亮，离不开你的支持和努力。

于是每次家庭打扫卫生，儿子都会用自己的小手抓起抹布卖力地干着，不怕脏不怕累，如果有擦不干净的地方，他会反复擦，直到自己满意为止。

也许他那时候不知道什么叫脏和累，只有参与的快乐、被肯定的满足感以及为家庭付出的价值感。

不光是做家务，其他的事情，比如招待客人、家里要买哪些东西、出去玩要带哪些物品等，也会让他参与，让他知道作为家庭的重要一员，要负起该负的责任，这会让他觉得自己对家庭有一份责任感。

我经常接儿子放学后，会带上他一起去菜市场买菜，他看上了哪种菜，我们就买哪种菜。买回家后他会跟我一起清洗，然后自己切菜，我在一旁做指导，有时帮他把切得大块的菜改小一点，然后我们一起炒出来。他自己参与炒出来的菜，吃起来也觉得特别美味。

吃完饭后，他会主动把碗筷收到厨房，放在洗碗池里，我们会及时给儿子肯定和认可。这种正向的强化，让儿子把参与做家务当成了一件重要而且光荣的事情。

这些家庭事务的参与，对培养孩子的思维能力和动手能力也很有帮助。

有一段时间，儿子很喜欢听关于狼的故事，于是太太就在网上给他买了两本关于狼的故事书。快递到了以后他要自己打开，我没找到他经常用的儿童剪刀，他就提议用大剪刀，但我认为那个有点锋利，担心伤到他的手。他抬头看看我说："不试试怎么知道啊！"我愣了一下，然后把剪刀给他了，结果他自己剪开袋子，而且剪得很整齐。那时儿子刚上幼儿园中班。

不管会不会，先试试，这就是孩子的思维。如果适当加以引导和鼓励，会让孩子敢于并且乐于尝试。这也是培养孩子人生价值感和独立自主的重要方式。

因此，在孩子成长的过程中，能让孩子做决定的地方，就多让孩子自己做选择，做决定。还有大人遇到的一些事情，也可以邀请孩子帮忙一起出主意。在孩子参与的过程中慢慢地帮助孩子培养出照顾自己的能力和解决问题的能力。

如何培养孩子的动手能力

大脑发育良好的标志之一，就是有一双灵巧而又勤快的手。研究发现，大脑发育可以促进双手的协作和配合，而双手动作的灵敏又会反过来促进大脑的发育。我以前也看过一份资料，说经常做家务的孩子，成绩一般会比从不做家务的孩子要好，虽然我没找到严谨的研究依据，但从我们的观察来看，整体也的确如此，这也从侧面说明了动手能力可以促进大脑的发育。

培养孩子动手能力的途径和方法有很多，但是对于幼儿阶段来说，我觉得下面这些方法会比较适合。

1. 多去"麻烦"孩子

从两三岁开始，有机会就让孩子帮你做一些小事情，比如拿拖鞋、递工具、一起择菜等。做这些除了能培养孩子动手的积极性外，还可以让孩子懂得不要坐享其成，自己也要为家里做点力所能及的事情，甚至还可以借助这些小事情让孩子认识到自己的价值，提升孩子的积极性和参与感，增强亲子关系。

在这个过程中，我们也要注意和孩子互动中的礼貌用语的使用，比如"请帮妈妈拿一下……""可不可以帮我……""谢谢宝贝""你辛苦了""宝贝真能干"等。父母恰当地运用礼貌用语，一方面促进孩子的积极性，另一方面也让孩子在这个过程中潜移默化地学会使用礼貌用语。

2. 培养孩子的动手习惯和主动精神

让孩子将玩过的玩具及时整理归位，周末打扫房间时让孩子主动参与整理自己的房间、收纳自己的书桌等。在锻炼孩子自理能力的同时，也让孩子养成良好的生活习惯。

在培养孩子动手能力时要注意，并不是要求他（她）做时才想到去做，而是他（她）自己知道该什么时候做，然后主动做，这是一种内驱力。父母在开始培养习惯的阶段可以监督提醒，但是后面就适时放手，激励孩子主动想到和主动完成，然后给予肯定，这是培养动手能力的有效做法。

3. 陪孩子一起做手工

父母要善于观察孩子的兴趣点，并且着重培养。我儿子有一段时间特别喜欢飞机，我教他学会折纸飞机后，他就折了很多纸飞机，飞得满屋子都是，而且他自己还"研究"出很多不同样式的纸飞机。趁他喜欢的劲头，我又教他学会了折小船、气球、青蛙等。我发现孩子对一个东西感兴趣的时候，就会主动学习，这样更容易提高学习和动手能力。

另外，父母可以给孩子提供各种结构性的拼装材料，比如乐高、插塑、拼装玩具、橡皮泥、雪花片等，孩子玩这些结构性的玩具，既可以锻炼动手能力，也可以锻炼空间想象能力，一举两得。

4. 不要嫌弃孩子做不好或做太慢

让孩子做家务是对孩子动手能力的锻炼，但如果让孩子参与家务，就不要嫌弃孩子越帮越忙。有一次家里包饺子，我让儿子帮忙，他选择了擀饺子皮儿，他拿着小擀面杖，"笨拙"地左一下右一下，擀一个饺子皮儿要几分钟，而且还歪七扭八的，我们全家就坐在那边看着他忙乎。虽然那顿饺子我们到很晚才吃到，但是儿子特别开心，带着满身的面粉，比平常更爱吃。

但如果父母嫌弃孩子做得太慢，做得不好，就粗鲁地打断，直接插手，不光会打消孩子的积极性，还会让孩子内心受挫，以后就可能缩手缩脚不愿尝试，这也是在剥夺孩子成长的权利。

"眼过百遍，不如动手做一遍"。父母帮孩子做，和让孩子亲自动手比起来，是完全不一样的体验，而身体的体验才是最真实、最有价值的。

在这个资讯爆炸的时代，很多知识和信息都可以通过网络查到，但是知识可以百度，能力却无处检索。培养孩子解决实际问题的能力，从某种程度来讲，比看书做题更重要，而这个过程中，父母千万不要代替孩子成长。

09

教孩子学会保护自己

　　每个孩子在成长过程中，不可能一直都是顺风顺水、无忧无虑，他们也会遇到各种各样的麻烦，成长的路上也会磕磕绊绊。因此，教孩子学会如何保护自己，是家长非常重要的责任。

　　在孩子走向社会以前，怎样保护自己，我认为有两点很重要，第一，是学会保护自己的隐私；第二，就是拒绝校园霸凌。

保护自己的隐私

　　成人有隐私权，孩子同样也有。要尊重孩子的隐私，也让他们学会尊重自己和别人的隐私。

　　有一次我送儿子上学，在路上听到一个小女孩说，奶奶，我想小便。这个奶奶把小女孩拉到路边，随手就脱下她的裤子说，快点！这个小女孩竟然就蹲在路边解决了。

我觉得这对孩子是一种伤害，不要以为孩子还小，还不懂，就无所谓。

这些年，因为网上经常曝光各种侵犯幼儿事件，很多家长都越来越重视孩子的隐私教育，对孩子来讲，这也是成长中非常重要的课题。

那么，什么时候该教孩子保护自己的隐私，又如何教会孩子更好地保护自己的隐私呢？

研究发现，孩子在三岁以后，也就是进入幼儿园前后，已经慢慢地开始有了性别意识，所以要循序渐进地给孩子灌输保护隐私的概念。当然这个年龄的孩子，我们无法跟他们解释得特别清楚，也无需强化性的概念，只要让孩子记住，身体有些部位是任何人都不可以碰的，如果有人这样做了，让孩子一定要告诉爸爸妈妈。

孩子刚开始也许区分不清楚，所以父母可以采取通俗简单的方式让孩子懂得，自己的隐私部位在哪里。比如，买一个布娃娃，通过演示告诉孩子身体的哪些部位叫隐私部位，是任何人不许碰触的，如果有人要碰触就必须拒绝，一定要告诉爸爸妈妈。

还可以跟孩子一起通过"角色扮演"，来训练孩子的应对能力。

我是你的一个叔叔，我可以亲你一下吗？或者说我可以抱抱你吗？孩子该怎么办呢？

我是一位医生，我要给你检查身体。这时候孩子应该怎么办？

我是你妈妈的朋友，妈妈让我带你去吃肯德基，好不好？等等。

　　通过各种场景和角色的演练，告诉孩子只要爸爸妈妈不在现场，一律坚决拒绝，如果对方坚持，就要大声叫喊，要跑向老师、家长、警察、商店或人多的地方。

　　要让孩子知道生活中跟隐私有关的常识，比如洗澡时，男孩让爸爸帮忙，女孩就由妈妈负责。上厕所时要随手关上门，哪怕是在自己家里也要如此。

　　还有，尊重孩子的隐私权，也包括保守他们分享给你的"小秘密"哦，如果被你"出卖"过一次，他（她）就可能失去对你的信任。

拒绝校园霸凌

　　《女心理师》这部电视剧中有一个角色叫小莫，小时候在学校里遭受校园霸凌，长大后在工作中遭到职场霸凌，常常不知道该如何拒绝别人，一直围着别人的需求转。这是一个令人同情的角色。

　　上小学时，小莫回去跟父母讲，有同学老欺负他。他的父母一边忙着自己的工作，一边漫不经心地说：

　　"你不去招惹他们，他们怎么会欺负你呢？"

　　"别人不喜欢你，你要多从自己的身上找原因。"

　　"小莫，你要学会跟同学搞好关系，不能像在家里跟爸妈这样，总是耍小性子。"

　　在小莫父母的眼里，小莫之所以会被同学欺负，是因为他主动招惹了别人；别人不喜欢他，是因为他自己身上有问题；他们觉得自己的孩子不会处关系，总是耍小性子。

　　他们从来没有去认真了解事情的经过和真相，从来没有倾听过孩子的委屈和痛苦，只会把责任归咎于孩子，还觉得孩子的问题给他们增加了麻烦。而幼小的孩子总以为父母是正确的，要按照父母说的做，以至于小莫在成长的过程中只会讨好别人，从来都不敢拒绝和得罪别人，形成了典型的讨好型人格。

在孩子遇到困难之后，不同父母的教育方式和处理方式，会直接导致不同的结果，好的方式能照亮孩子一生的路，而错误的方式或许会给孩子留下一辈子的阴影。

作为家长的我们，千万不要像小莫的父母一样，认为你不去招惹别人，别人就不会来欺负你。我们尽量不去恶意揣测别人的动机，但的确有些喜欢欺负人的孩子从来不需要理由，如果非要找一个理由，那就是因为你好欺负。

现如今网络发达，信息传播也就是瞬间的事情，我们经常能够在网上看到很多关于校园霸凌的例子，有些血淋淋的案例让人触目惊心。

不要以为这种事情可能离自己的孩子很远，它可能就在我们身边，甚至就发生在自己孩子身上。因此，让孩子学会善良的同时，也要让孩子学会展现锋芒。

> 我外甥班里有一个孩子，成绩不好，但长得比同龄的孩子高大强壮，总喜欢打别人，有同学经过他位子的时候，他就要伸脚去绊别人或者踢别人，我外甥也被他踢过。有一次他跟我讲这件事情的时候，我说下次他再踢你，你先告诉老师，如果告诉老师没有用，你就告诉大人找他的家长沟通，如果跟他的家长沟通还解决不了，我们会有很多其他的方法一定帮你处理好。我外甥说，班里很多同学都不敢反抗的，他很有力气，太厉害了。我跟外甥强调，一点儿都不用怕他，你们觉得他厉害，是因为你们都是孩子，其实他并没有你们想象的那么厉害。

后来我外甥遇到这样的情况直接告诉了老师，老师处理得非常好，那孩子后来再也没有去招惹过他了。

如果你知道孩子遇到了校园霸凌，最重要的一件事情是让孩子有足够的安全感，让他（她）不要害怕，让他（她）知道父母一定能帮他（她）搞定，而且父母永远都会坚定地支持他（她）。

如果孩子遇到校园霸凌，应该如何处理呢？

1. 让孩子告诉老师，由老师出面处理，同时让孩子告诉父母处理的方式和结果。

相信大部分老师都能妥善处理。但客观来看，并非所有的老师都能处理得非常恰当，万一老师重视程度不够，轻描淡写就过去了，有可能还会激起"肇事"孩子的报复心，给受害的孩子带来更多麻烦。因此，家长必须持续关注老师的处理方式和结果。

2. 家长出面和老师正式沟通。

如果父母认为老师的处理方式不当，或老师的重视程度不够，就要出面和老师正式、深入地沟通，尽量达成一致的看法，同时明确老师接下来的处理方式，要能够解决问题。如果问题依然没办法解决，就要用第三步。

3. 让老师约谈双方家长，当面和对方家长沟通。

由老师出面约谈双方家长，客观、冷静、有理有据地和对方家长沟通，明确提出你的诉求和期待，如果对方家长能够认识到问题所在，事情应该比较容易沟通解决。如果依然无效，老师也无法协调，那就继续想办法解决。

4. 让更高级别的校方管理层出面协商解决。

和学校的教导主任或校长约谈，告诉他们事情的经过和目前不合理的处理方式，明确提出诉求，让校方管理层提出解决方案。

需要注意的是，一旦到了这个层面，有可能对孩子造成一定的影响，比如孩子的班主任可能会有一些看法，也可能会给孩子调整班级。但是，"两害相权取其轻"，只要问题没有解决，就不能轻易放过。

5. 报警处理。

在以上处理的过程中，让孩子记录霸凌行为发生的时间、地点、行为，如果有人身伤害或物品损坏，留下照片等证据。如果经过以上一系列方式依然没有效果，霸凌行为没有停止，那就用保留的证据，同时找到目击同学作为证人，果断报警。在校园里再嚣张的孩子，到了警察面前都会像温顺的小绵羊。

以上事情在处理的过程中，有两点非常重要：

1、做好孩子的心理建设。处理过程中，不管是给孩子换班级，还是别人有什么看法，都要让孩子坚信这不是他（她）的错，同时父母是他（她）坚强的后盾，让他（她）相信父母一定能处理好这个问题，父母永远相信他（她）。

2、让孩子愿意并敢于跟父母沟通。有的孩子遇到事情不敢跟父母开口，凡事都藏在心里面，这是最大的麻烦。同时也要清楚，孩子不敢说一般也是父母造成的，因为孩子在父母面前缺乏安全感。因此，父母要营造良好的家庭沟通氛围，让孩子跟父母之间能够保持良好顺畅的沟通。

10

面对青春期孩子，家长如何修炼

对青春期的认识

现在的孩子普遍早熟，作为互联网的"原住民"，他们从小就会接触到大量的信息，同时物质的丰富与满足，对于他们的生理和心理上的发育也起到了很大的促进作用，以至于现在孩子的青春期比以前都要提前一些了。

"青春期"这个词来源于拉丁语 Puberfas，意思是"具有生殖能力"，是指儿童逐渐长大为成年人的一个过渡期，这个词就是用来描述这一个成长时期的。因此，青春期不是一个时间点，而是孩子成长过程中的一个发展阶段，这个阶段会帮助孩子更好地适应即将到来的成年时代。

世界卫生组织（WHO）规定，青春期为 10~19 岁。不过，由于成长环境和发育早晚不同，个体之间会有差异。一般而言，女孩的青春期开始年龄和结束年龄都比男孩早 2 年左右。

我们会注意到，进入青春期的孩子越来越注重自我的独立意识，开始变得"叛逆"。他们开始有自己的思想和主张，渴望独立，期待被理解和被尊重，为了表明自己独立性的需要，一些青春期的孩子会和大人产生分歧，甚至会故意违逆父母和老师。

这个时期的孩子不再是稚气未脱的儿童，但也绝不是完全意义上的成年人。那么青春期的孩子会有哪些比较明显的变化，有哪些需要我们特别关注的地方呢？

首先，孩子生理和心理上开始发生变化

我们会注意到，随着性激素水平逐渐升高，这个阶段的孩子开始出现第二性征。男孩嘴唇上出现了浅黑色的绒毛——开始长胡须了，身高增长速度加快，说话声音也由原来可爱的童声慢慢变得浑厚起来，开始出现遗精现象。女孩子的声音则会变细，身体脂肪积累增加，臀部和胸部开始发育，出现月经等生理变化。

这些在生理课堂上老师会教的内容，我们无须多讲，但是作为父母，在这个时期要明确分工，父亲负责儿子，母亲负责女儿，对孩子的性教育进行正向的引导和坦诚的交流，帮助孩子保持平和的心态，建立正确的性认知。

青春期对于孩子心理发展起到了很大的作用，随着心理上慢慢成熟，青少年产生了成人感：我已经长大了。这种成人感让青少年们的自我意识变得很强烈：我有我自己的主张，我有我自己的空间，我有我自己的思想。他（她）在内心开始呼喊：我要独立，我要平等，我要尊重。因此，他（她）不再愿意完全听从父母的。这个阶段也是青少年自我身份确认期，他们开始想要独立完成一些事情。

其次，青春期的孩子需要尊重和独立的空间

记得我们读初中的那几年，每个人几乎都会有一个日记本，甚至有些日记本还是加锁的。这个日记本我们会存放在一个非常私密的地方，除了自己，谁也不能碰，因为那里边有我们的"小秘密"。如果父母偷看了我们的日记本，我们会发很大的脾气，甚至很长时间里都会恼恨自己的父母。

青春期的孩子都会渴望拥有一个自己的私人空间，所以这个阶段的孩子一定要有单独的房间。他们开始喜欢一个人独处，喜欢待在自己的房间里自己做作业，自己思考问题，不喜欢他人进入他（她）的私人领地。他（她）不喜欢父母去打扰他（她），因此父母进入他（她）的房间之前要先敲门，经过允许后才可以进入。未经允许，不要去帮助他（她）收拾打扫房间，更不能翻看他们的交友软件、聊天记录，翻看他们的抽屉、书包、日记等个人物品。

在青春期之前，对父母的依恋是亲子关系的重要特征，而进入青春期之后，自主开始取代依恋，孩子开始疏离父母，渴望拥有社交空间，想去交更多的朋友，和一些志趣相投的同学无话不谈、形影不离。也会喜欢去参加一些郊游、聚会。在与同学、朋友的相处中，他们开始学会站在别人的角度来思考问题，学会更好地理解他人，与同伴的交往对孩子社会化的发展有着重要的意义和影响。因此，这个阶段父母要学会适当放手。

孩子在这个阶段可能会有自己喜欢的对象，当然，这个对象有可能是自己的偶像，也有可能是班级的某一个异性同学，这是孩子正常的心理特点。表面看是孩子出现了早恋的现象，其实是孩子渴望拥有情感的空间，父母没必要大惊小怪。事实上这种行为也容易理解，我们在这个年纪时也有同样的心理，想一想，你对异性开始萌动的时候，大概是多大呢？因此，父母要用引导的方式，让孩子更好地看待未来，让孩子在互相激励中进步。

再次，追求和建立自我同一性

自我同一性 (identity achievement) 是西方心理学的一个重要概念，可能对于大部分朋友来讲有些陌生。发展心理学家埃里克森认为，青春期的核心发展任务就是建立自我同一性。从理论上讲，自我同一性即青少年同一性的人格化，是指青少年的需要、情感、能力、目标、价值观等特质整合为统一的人格框架，即具有自我一致的情感与态度、自我贯通的需要和能力、自我恒定的目标和信仰。

这一阶段的冲突是：同一性和角色混乱。在把自己众多的人格统一起来，形成一个比较稳定的人格的过程中，不断地思考"我是谁""我将会成为什么样的人""我的人生目标是什么"等问题，寻找自己的"角色""位置"与"价值"。这个阶段中，青少年会经历自我怀疑、意识混乱、心理冲动等各种问题，他们会焦虑、会痛苦、会迷茫，会无所适从，因而会导致情绪不稳定，容易愤怒，会对父母出言不逊。这也是叛逆期的典型表现之一。

作为父母，我们要能够理解孩子在这个阶段的迷茫与焦虑，以"过来人"的身份，适时地给出自己的看法和建议，但不强加于他（她）。

这一阶段对孩子的未来意义重大。加拿大心理学家詹姆斯·玛西亚 (James Marcia) 根据青少年自我探索及同一性获得的不同状态，将自我同一性分成了四种状态类型，即：同一性扩散、同一性延缓、同一性早闭和同一性达成。不同的同一性发展状态会导致不同的发展结果。

同一性扩散——未进行自我探索，未获得同一性。

这种发展状态的特点：孩子对自己的将来充满疑惑，他们不知道将来要做什么，能成为什么样的人。他们看似不会紧张、焦虑，其实是在用逃避来掩盖内心的不安和自卑。他们不愿意接受新的事物，包括人和环境，容易出现明显的适应问题。他们通常自尊较低，对自己的兴趣认识浅显，成年后可能会变得自私并追求享乐。

同一性延缓——正在进行自我探索，未获得同一性。

这种状态的青少年还在不断尝试着各种选择，却仍然没有做出最终决定。他们对未来不清晰，觉得做老师或老板不错，但是做医生和程序员也很好，不知道要选哪个。他们看起来非常叛逆，对父母的话比较反感，要么置之不理，要么争论不已。因此，面对这样的孩子父母要多一些耐心和引导，而非强硬的指令。

同一性早闭——未通过自我探索，获得同一性。

这种状态的青少年会被动接受父母帮助做出的选择，而非自己探索各种选择后做出决定。他们会说："我想做医生，因为我妈妈觉得我适合做医生。"这种孩子会成为父母期待的样子，乖巧懂事，看起来像"别人家的孩子"，但缺乏独立能力。遇到挫折时，这种类型的孩子容易丧失目标和信心，应对挑战能力相对较差。所以，我们通常说青春期的孩子太听话未必是好事情。

同一性达成——通过自我探索，获得同一性。

这是一种理想的状态，孩子在认真评价各种选择后做出属于自己的选择，形成自我认同的标准。他们会说："我想做一名老师，是因为我喜欢站在台上的感觉，我喜欢给别人分享知识。"他们对自己有清晰的认识，知道自己的优点和不足，对自己的未来有较为清晰的目标，对学习、工作和生活有热情的投入，希望做出成就，因此会表现得更成熟，心理也很健康。

但很多孩子不能在青春期做到这一点，有的要到成年早期，有的可能会更晚。因此，父母在孩子进入青春期后，要引导和帮助孩子达成同一性，探索职业的方向，寻找人生的意义。

最后，适当的时候，父母要"输"给青春期的孩子

前面在关于同一性的分析中提到，青春期的孩子面对成长的压力会经历自我怀疑、混乱、矛盾和冲突，对自己在生活、学习、发展中的决策感到纠结、犹豫和摇摆不定，因此他们会困惑、敏感、易怒、阴晴不定，在这种状态下，他们内在有很多复杂的情绪需要宣泄和释放，也很容易借由某一个让自己不舒服的小事情而爆发，尤其是在父母面前表现得更为厉害。

此时他们的性子可能会非常急躁，动不动就大吼大叫，容易出现冲动行为。在荷尔蒙的影响下，甚至有些孩子会做出不理智的行为，做事时不会考虑他人的感受，更不会考虑结果。

父母要在理解和包容的基础上进行引导，在孩子冷静下来之后，跟孩子有效沟通并进行疏导。在孩子跟父母对抗的过程中，父母要学会适当地妥协、退让，甚至输给自己的孩子，这并不丢脸，恰恰相反，这是在帮助孩子成长。

孩子如果在与父母的对抗中胜利了——尤其是男孩和父亲的对抗，他内心会产生强大的力量感：从小到大他心目中最权威、最有力量的人被自己战胜了，他将会认为自己很强大。这种感觉对于孩子将来在社会上与他人相处很有益处。

反之，如果孩子在青春期阶段一直被强势的父母压制，很少或者从未主张过自己的想法和意愿，这样的"乖宝宝"以后可能会出现更多问题，这些问题会在孩子成年后与他人相处的过程中暴露出来，当然也会在跟自己父母相处时显现出来。

不过，如果在青春期之前已经跟孩子构建了良好的亲子关系，彼此的沟通和信任非常充分，那么孩子跟父母在青春期阶段的问题和冲突也会减少很多。

第 ⑤ 章

成长——父母成长是亲子关系改善的前提

引言——

昨天的我聪明，

想去改变这个世界。

今天的我智慧，

正在改变我自己。

Yesterday I was clever, so I wanted to change the world. Today I am wise, so I am changing Myself. ——鲁米

如果说家庭是复印机，那么父母是原件，孩子就是复印件，如果复印件出了问题，就应该改原件。这个比喻未必恰当，但父母的改变对于孩子来讲的确意义重大。日本小说家伊坂幸太郎在他的作品《一首小夜曲》中有一句话，让很多人觉得振聋发聩：一想到为人父母居然不用经过考试，就觉得真是太可怕了。做父母，我们并未经过考试，但是，我们得经常反省一下，自己真的有"上岗资格"吗？

01

给孩子营造一个好的家庭环境

孩子是环境的产物

有一次经过花鸟市场，看到一家店门口摆着一盆富贵竹，高半米左右，绿油油的叶子，惹人喜爱。卖花的老板说这花好养，不费什么事，一周给换上两次水就行。我这人怕麻烦，一听不费事又好养，就开心地买回家，放在电视柜旁边，看起来的确漂亮。

可没两个星期，有些叶子的边缘就发黄了，老板交代的一周换两次水，我也没落下呀。搞不清楚原因，我就找了把剪刀，把几片边缘发黄的叶子修了修。没两天，叶子周围又有了一圈黄色，我又修剪了一下。就这样连续剪了几次后我发现情况不对，照这样下去整盆富贵竹都得成光棍。

眼看不行了，我赶紧上网查资料，才知道水养的富贵竹，每周换两次清水是没错，但还有很多细节需要注意，比如一旦生根后就不宜频繁换水，如果水分蒸发较多，可以及时加一些水，加进去的水要保持清洁、新鲜，而且要先用器皿贮存一天，如果水不干净、水质硬或混有油质，很容易烂根。资料上还提醒，不要将富贵竹摆放在电视机旁或空调边上，否则叶尖和叶子边缘容易发黄干枯。

　　我一看，家里的这盆不光放在电视机旁，而且正对着空调。我赶紧按照说明进行补救，但为时已晚，几天后便和这盆富贵竹说再见了。

　　世事往往如此，有果必有因。想养好一盆花，除了根据它特性的需要进行浇水、施肥、松土外，还必须要注意周围环境的影响。

　　养孩子何尝不是如此？有些父母总觉得我给孩子吃饱了，穿暖了，责任就尽到了。甚至家里有两三个孩子的，抱着"一头牛是放，两头牛也是放"的想法，却忽略了孩子成长环境的营造。

　　当孩子出现一些问题，尽管父母内心有些不愿意，但不得不承认，什么样的家庭环境，就会对孩子有什么样的影响。什么样的父母，就会给孩子带来什么样的行为模式。

　　一个朋友说自己儿子看电视上瘾，每天回家就想看动画片，作业经常完不成，都揍了几顿了，还是没用。家里没人时，他就偷偷打开，家人回来了就赶快关上。说得自己气愤不已，一副怒其不争的样子。

　　我半开玩笑半认真地说，小孩子之所以看电视上瘾，是因为你家里有电视，是因为你家的电视常打开。他说闲着没事我们也要看看的呀。

　　我家的电视基本是个摆设，除了疫情期间儿子上空中课堂，一年都不打开几次，我儿子从来没有看电视的习惯。如果父母喜欢看电视，孩子自然就有类似的行为习惯。

父母要想孩子身心健康成长，就必须营造一个可以让孩子健康成长的环境。而且，父母本身就是这个环境的重要构成部分。

如果父母没事就坐在电视前面，那么孩子就很可能喜欢看电视；

如果父母从来不看书，那么就很难让孩子养成爱看书的习惯；

如果父母讲话一开口就脏话连篇，那么孩子就很容易学会骂人；

如果父母天天在麻将桌上通宵达旦，那么孩子的成绩不好也很正常；

如果父母整天动不动就发火，那么孩子管控情绪的能力就很难培养出来。

我们不能主观地判定孩子身上的种种问题一定是父母造成的，但可以确定的是，孩子的问题跟成长的家庭环境以及孩子与父母的情感连接有很大关系。

有些父母看到孩子身上暴露一些问题，就怒不可遏，批评指责，甚至打骂。与其如此，不如静下心来思考一下为什么发生，找到真正的原因比粗暴地压制问题要重要得多。如果是父母的原因造成的，那么父母的改变才会有效果。

要知道，父母做出 1% 的改变，可能就会带来孩子 99% 的改变。

你能给孩子什么样的原生家庭

每个人的一生中都可能经历两个家庭——原生家庭和再生家庭。

原生家庭，是每个人来到世界上都会经历的，这就是我们从小长大的家，在这个家里有父母，有兄弟姐妹（独生子女家庭除外）。另一个家庭是在我们成年以后，遇到了另一半后组建的家庭，这个家庭我们称之为再生家庭。

心理学研究证明：孩子在原生家庭的生活经历，对他（她）的人格完善和性格形成起着至关重要的作用，会对个人的未来生活产生长期、深远的影响，甚至会影响一生的状态。当然，这些影响都是根植于人的潜意识当中的，在多数情况下并不会明显地表露出来，但在遇到一些特殊情况和场景的刺激后，就很容易被引爆，展现无遗。

有的人家庭经常欢声笑语，其乐融融。

我有一位朋友，从小家里总是欢声笑语，而且和父母一样，兄弟姐妹都非常爱看书，这种良好的家庭环境带给她很好的修养和气质。从她脸上，你总能看到一副平和乐观，岁月静好的模样。我常想，那种内在的平和与幸福，如果不是父母的影响和家庭的熏陶，后天要修炼多久才可以达到？

但也有的人家庭常常争吵不断，山河破碎。

我还有一个关系不错的同学，成长的环境则完全不同。父母冲突不断，用他的话讲就是"大吵三六九，小吵天天有"。小时候，他常看父母在歇斯底里地争吵之后扭打在一起，甚至动过菜刀，幼小的他吓得躲在角落里，好像连心跳都停止了，他说那一刻他想让自己死掉，他说也许自己死了，他们就会停止打骂了。他父母之间的沟通基本都是通过吵架完成的，两个人一开口就会带着情绪。我这个同学人很好，喜欢帮助别人，但特别容易愤怒，身上有很明显的攻击性。而这种内在的愤怒，我相信更多是来自他原生家庭的影响。

试想，这种家庭走出来的孩子如果组建了家庭，有没有可能出现类似的沟通模式？有了孩子之后，又是否会影响到孩子的成长？虽然原生家庭并非一个人发展的决定因素，但原生家庭的长久影响是不容忽视的。

仔细想来，亲子关系的实质其实是夫妻关系，夫妻关系的实质其实是原生家庭关系。

02

父爱和母爱的不同养分

父亲和母亲能给孩子带来什么

一个孩子来到世界上，他（她）的身体里既有父亲的基因，也有母亲的基因。当然，他（她）也需要父亲和母亲共同的陪伴和照顾，才能更好地成长。

心理学研究发现，父亲和母亲带给孩子的影响是不同的。

父亲是孩子力量的源泉，父亲的陪伴会带给孩子力量、责任、果断和勇气。

母亲是孩子爱的源泉，母亲的陪伴会带给孩子温柔、细腻、善良和爱。

这两部分的"营养"对孩子来讲，都不可缺少。但在当今这个社会，整体而言，父亲的陪伴相较于母亲是不够的。正如美国心理学家迈克尔·兰姆（Michael Lamb）所说："在我们的社会和文化中，一直以来都更重视母亲作为照料者的角色，而将父亲的角色简化了。"

从社会学意义上说，一个男人成为了父亲之后，也就在他的人生中开启了一段与孩子的关系，从此多了一个人生的角色——父亲，他需要对这个角色负起责任。

我曾给一位朋友推荐过一本心理学类的书籍，书中有这样一段话值得我们思考：父亲在一个人的成长过程中有着和母亲同样重要的位置，他不仅是孩子的供养者、引领者和性别榜样，同时也是孩子生活的参与者，承担着对孩子进行养育、沟通、支持、鼓励、回应的责任，父亲在孩子各个方面的参与都会深刻影响他的成长进程。

儿子在幼儿园阶段，我和太太大体的分工是，我主要负责儿子的运动和学习，太太主要负责钢琴、绘画和手工。当然，如果一方工作特别忙时，我们会互相分担一下。

不需要出差的时候，我早上通常会送儿子去学校。从家里到幼儿园几百米的距离，我们通常都是以跑步比赛的方式完成，先设定一个离我们五十米左右的目标，比如远处一辆停着的汽车，一根路灯杆，或者一棵树，通常儿子喊"123 开始"，我们就一起冲出去，谁先跑到目标谁赢，通常是我们输赢各半。有空的时候，我们一起去参加一些户外活动，比如去公园，去博物馆，去游乐场等。

太太下班回家，通常放下包的第一件事情就是和儿子拥抱，互相问好。太太对古筝比较有兴趣，她在弹奏古筝的时候，会把儿子叫到跟前，一起拨弄琴弦。

儿子 2 岁的时候，对钢琴开始感兴趣，我们观察和跟进了两年多，发现他是真的喜欢，最后决定买钢琴和请钢琴老师上课，这期间大部分是太太陪伴他一起练琴。闲暇的时候我们会带他听听音乐会，看一些公开的演奏等。

你的家庭组合是怎样的

我曾和一位资深的心理学老师做过探讨，一个孩子的成长，较为理想的陪伴状态是怎样的？结论是一位有趣的爸爸，配合一位平和的妈妈。

什么是有趣的爸爸？一个沉稳又充满活力的男人，他能给孩子带来力量感和生活的乐趣。

什么是平和的妈妈？一个包容又内心平和的女人，她可以让孩子觉得安稳又充满温暖。

而当今社会，大多数的家庭组合却往往是一个焦虑的妈妈，配合一个"隐形"的爸爸。

这样我们的孩子会呈现出什么样的状态？爸爸经常缺位，孩子可能会缺少男性那份承担的力量和向外的兴趣，碰到事情和问题，不会主动去交流和沟通，不会有足够的勇气去面对。同时，一个焦虑的妈妈，情绪复杂多变，又会给孩子的内心带来恐惧和惊慌，所以他（她）也没办法培养稳定的情绪，让自己学会平静下来。

更极端的是，有的妈妈因为自己情绪管控能力很差，因此给孩子带来很多伤害。

> 我认识一位家长，每次辅导孩子做作业，孩子慢一点或者做不出就打耳光，左右开弓，家里经常是鬼哭狼嚎。那孩子其实很不错，但后来变得一看到自己的妈妈就想逃。

我有一次跟一位心理咨询师朋友吃饭，其间她说过一句话："孩子生下来后都要依靠自己的妈妈，当这个小生命遇到危险的时候，他（她）第一时间就会躲进妈妈的怀里，因为对于他（她）来说那里最安全。可是，如果那个危险就来自于自己的妈妈，他（她）又该怎么办？"多深刻的一个问题。如果一个孩子从小就惧怕自己的母亲，那么他（她）的内在情感很可能是扭曲的。

因此，父亲的积极主动和开放有趣，母亲的温和平静与稳定包容，父母双方给予的营养汇合在一起，才有利于孩子的成长。

当然，在家庭里，父亲对孩子最好的爱，首先是保护和深爱孩子的妈妈，让孩子理解什么叫责任。而母亲对孩子最好的爱，首先是欣赏并尊重孩子的爸爸，让孩子懂得什么叫认可。

03

夫妻关系问题对孩子的影响

理清家庭序位是解决问题的前提

良好的夫妻关系对于孩子的成长来说，具有重要的意义。但很多人并未学会如何建立良性的夫妻相处模式，没有好的家庭土壤，会给孩子造成很多成长的阻碍。

研究亲子关系，我们会发现，在很大程度上，亲子关系问题是为夫妻关系问题"背锅"的。如果夫妻关系没有问题，那么亲子关系问题也许会少很多。

从家庭角色的序位来讲，要想营造一个健康的家庭系统，必须将夫妻关系置于家庭最重要的位置。夫妻关系经营好了，与孩子以及老人的关系问题就会比较容易解决。

然而，很多父母既没有排好序位，也没有能力经营好夫妻关系，于是就造成了很多家庭的冲突。

有些女性朋友有了孩子之后，就把孩子放在第一位。这本身就是一个问题，容易制造更多夫妻间的麻烦和冲突。

也有的男性朋友成家之后，依然对自己的父母言听计从，把妻子放在了后面的位置，这样也容易导致夫妻关系出现裂痕。

这些都是家庭关系中序位不当带来的麻烦，就容易给家庭带来争吵和烦恼。

我们可能都听过这样的观点：吵架也是夫妻相互沟通的方式，有人甚至认为，夫妻越吵越好。这倒未必，我们要看用什么方式来进行吵架。若是方法不得当，夫妻吵架不仅无法越吵越亲密，反而会衍生出更多的问题，亲子关系问题就会随之产生。

争吵的影响——

夫妻之间发生较多的争执可能会影响孩子的自我认同和自我评价。

年龄小的孩子在思维上还处于以自我为中心的状态，会把周围的事物都和自己联系在一起，因而很容易把父母争执的原因归咎于自己，觉得是因为自己不好才导致爸妈吵架的。同时，当父母发生冲突时，孩子也很容易自责，怪自己没有能力劝阻父母，没有能力保护他（她）认为弱势的一方。

因此，他们会产生负罪感，甚至会产生对自己身份的不认同感，即认为自己是个坏孩子、不值得爱的孩子。这种不认同感会影响到孩子的自尊和自信。

我们有时会看到一些家庭里，夫妻之间有处理不完的矛盾和冲突。当看到父母发生冲突时，有的孩子会哭喊着阻止，有的孩子虽然没有表现出激烈的行为，但他（她）的内心在发出痛苦的呼喊：求求你们，别吵了！弱小的他（她）一直在心里帮父母调和。幼小的孩子长期生活在一种担惊受怕的环境里，心理上会受到很多负面影响。

有些夫妻矛盾还会主动把孩子牵扯进来。比如向孩子诉苦，指责、埋怨对方。

孩子在听的时候，内心一定是在挣扎：我究竟该认同谁？孩子的判断力和处事方式都不成熟，他们的立场非常容易受情感的左右。父母向孩子诉苦或者指责对方的行为其实是在找同盟，这相当于逼孩子在父母之间站队。

孩子的潜意识既忠诚于父亲，也忠诚于母亲，因此无论站队哪一方，对于孩子来说都是对另一方的背叛。这种内心的挣扎就是一种扭曲，从而影响孩子对人对事的看法，长大后就会容易偏激。

冷战的影响——

冷战是夫妻间出现矛盾后经常出现的一种相处方式。

冷战舒服吗？相信没有人会觉得舒服。但之所以僵持着没人愿意开口打破僵局，还是因为"面子"问题。如果我先开口了，不就示弱了吗？那不行，熬着，看谁能忍到最后。往往坚持到最后开口的人会认为自己"赢"了。

事实上，主动开口的那个人，才是强大和包容的人，才是内心真正有力量的人。冷战中的僵持除了让双方都痛苦以外，没有意义，所以如果你觉得痛苦，你就去寻求改变，让自己舒服才有意义。这也就是我们常说的"谁痛苦，谁改变"。

这里需要指出的是，夫妻冷战会给孩子带来以下影响。

1. 孩子承担了不该承担的责任

夫妻在冷战中，但又有事情需要沟通，怎么办？让孩子成为传话筒。

"你去跟你爸说，让他把锅刷了！""你去跟你妈说，我不刷。要刷她刷！"孩子在中间就左右为难。"要不，爸爸你自己去跟妈妈说吧。""你这孩子，欠揍是不？"父亲扬起了手。

你看，夫妻的矛盾总是让孩子为难，而且还容易把火撒到孩子身上。

有些懂事的孩子，会充当"和事佬"。削好一个苹果分两半儿，一半儿送给爸爸，说是妈妈给的；一半儿送给妈妈，说是爸爸给的。他（她）总是希望父母能够快点和好。

孩子的世界很小，在他们狭小的视野里，父母就是他们的全世界。他们会"自恋"地认为身边好的、不好的事情都是自己的责任，父母发生冲突时，孩子会认为让父母和睦是自己的责任。当这样的事情多了，孩子就可能慢慢形成"讨好型人格"。

2. 会造成亲子关系冷淡

对孩子来讲，家本是温暖的地方，在这里孩子本应得到充分的安全感，但经常冷战的家庭，在孩子眼里就会慢慢变成情感的牢笼，家里到处都冷冰冰的感觉。孩子跟父母生活在一起就成了煎熬，导致孩子会慢慢失去对父母的信任。他们内心压抑，既无法敞开心扉跟父母交流，也无法在父母面前随意地撒娇、耍赖。

你会发现，家庭不和睦的孩子，从小就有一种迫切想离开家的冲动。考大学考去很远的地方，或早早结婚成家，也不爱回家看父母。不要抱怨孩子不孝顺，很多时候，是你的教育方式，让孩子选择了远离你，不敢对你表达爱。

3. 导致孩子人格发展不完善

孩子看到父母冷战，会有很多心理负担，那颗幼小又敏感的心里甚至会想：他们会不会离婚？他们离婚了还会要我吗？我该怎么办？这些心理压力很容易造成孩子自闭、内向、怯懦性格的形成，也可能会产生暴力倾向，容易偏执、抑郁，严重的会发展为心理疾病。

很多孩子从小目睹父母的冲突和冷战，会慢慢地印刻在自己的记忆里，有些影响可能会延伸到成年之后以及婚姻中。有些人长大后不懂得如何跟异性交往，或者抗拒结婚，有可能跟他（她）从小目睹父母糟糕的婚姻状态有关。

很多人和另一半的相处模式，其实就是在复制父母间的相处模式。

因为他们从小在内心就设定了一种程序：夫妻之间就是这样的。父母持续的争吵，冷漠的相处，让孩子无法从中获取足够的爱、包容、信任和关怀，导致他（她）在自己的婚姻中也无法发展出这些能力，从而让婚姻关系变得糟糕，那他（她）以后怎么会幸福？

04

其实是孩子在照顾你的情绪

所谓的"懂事"是压抑着的情绪

我有一位关系很要好的朋友，孩子 10 岁，在学校里表现优异，懂事乖巧，属于大家口中典型的"别人家的孩子"。每次聚餐时，孩子都会主动给爸爸妈妈夹菜，等爸爸妈妈吃了，他才开始吃。朋友们在旁边都羡慕不已，说这么好的孩子一定是来报恩的。

有一次，朋友一家来我家做客，我太太就把很多零食、茶饮摆在茶几上，招呼大家一起吃。朋友的孩子就拿起一些零食，剥开后先放在妈妈嘴里，然后又给爸爸挑选一样零食，等爸爸妈妈都开始吃了，他自己才吃。这在常人看来的确是非常懂事的表现。

我看着孩子是那样的小心翼翼，从一开始想吃东西的不安，到自己喂了爸爸妈妈后得到默许的一丝放松的样子，我能够清楚地看到，"懂事"背后其实是压抑着的情绪。

孩子是聪明的，朋友平时不太允许孩子吃零食，孩子先给爸爸妈妈喂吃的，其实是在照顾他们的情绪，他们舒服了，自己吃零食的行为就容易被接受和原谅。

这就是典型的孩子在照顾父母的情绪，父母舒服了，自己才会更安全。

> 有一次讲课，一个学员跟我聊天，谈到自己一看到领导发脾气就会特别紧张与害怕，甚至会浑身颤抖，无所适从。他问我该如何解决这个问题。
>
> 我问他小时候跟父母相处得怎么样，他说小时候爸爸非常凶，特别爱发火，而且还喜欢动手。我一看他要发火了，我就害怕，有时会缩成一团，浑身颤抖。

这是一个很有代表性的例子。孩子在面对父母情绪爆发的时候，是惊慌失措的，因为孩子既不具备处理情绪的能力，也不具备应对现实冲突的能力。就像那位学员，在小时候每天都活得小心翼翼，因为他不知道父亲什么时候会发脾气，一旦父亲发火了，他就吓得大气都不敢出，手足无措，缩成一团。这些心理和身体上的反应，慢慢就变成了他面对别人负面情绪时的反应模式，所以当他看到老师、领导、同事发脾气的时候，就会产生类似的状态和反应。

结合这个例子，我们多想一想：当他父亲冲他发火时，他在恐惧的同时，最想做的事情其实就是去满足父亲以平息他的怒火，只有父亲平静了、开心了他才能感觉到安全。幼小的孩子往往会把父亲的怒火归咎于自己，认为父亲发怒是因为自己做得不好，于是就会不断地想办法去讨好父亲，当然，这个讨好可能是有意的，也可能是无意的，这不就是孩子在照顾父母的情绪吗？

你有"彼得·潘综合症"吗？

心理学领域有个概念，叫"彼得·潘综合症"，是指成年人因为心智发育不完全成熟，导致他们无力面对社会的激烈竞争和残酷现实，因此变得低幼化，行事带有孩子气，渴望回归到孩子世界的心态。这种心态如果发展到极端，就会沉迷于自己的幻想，拒绝长大。

> 1966 年，精神病学家艾瑞克·伯恩（Eric Berne）第一次提出"心理成熟有困难群体"的概念。1983 年美国心理学家丹·基利（Dan Kiley）也撰文描述了这一群体："这类人渴望永远扮演孩子的角色而不愿成为父母。"
>
> 但随着年龄的增长，这类人也会成家，也会有孩子，但麻烦的是，他们很难照顾好自己的情绪和孩子的成长。

当父母不能有效处理自己的情绪时，父母和孩子的关系就会反过来，此时孩子就变成了父母释放情绪的容器，原本应该是父母来关注和处理孩子的情绪，现在孩子要把自己的情绪压抑住，转而去小心翼翼地关注着父母的状态。当父母情绪爆发的时候，孩子的世界就崩塌了，这时孩子的第一反应就是要去安抚父母，讨好父母，这样自己才能够安全地存活下去。这很不公平，也非常令人痛心，但这是很多家庭的现实。

一个孩子在成长的过程中，如果经常或持续发生这样的事情，那孩子的内心会发生哪些变化呢？

1. 敏感，时刻关注别人的情绪

这种家庭中成长起来的孩子，内心因为恐惧而变得敏感，忽视自己的情绪，却很在意别人的情绪，害怕跟别人发生冲突。在跟别人发生冲突时，他（她）很容易认为别人生气都是自己的错，一旦遇到别人的指责和攻击，他（她）就会害怕、退缩。因此，无论是处理自己的情绪，还是面对别人的情绪，都很难运用正确而恰当的方式进行处理。

2. 总是要满足别人，才能感到安全

这样的孩子很容易形成讨好型人格，看别人脸色行事。因为小时候不断地通过委屈自己来讨父母的欢心，就形成了围着父母感受转的模式。同样，长大之后在与他人的互动关系中，他（她）也会一再重复这个模式，因此很容易失去自我，活不出真实的自己。

3. 承担过多本不属于自己的责任

容易过早"成熟"和"懂事"，甚至会扭曲自己的责任感和价值观。当父母或兄弟姐妹过得不好时，就会内疚和自责，总觉得是因为自己没把他们照顾好，自己要更努力让他们过得更好。把自己当作拯救者，让自己过得很累，也很难真正快乐。

当然，以上的问题并非无法解决，当我们已经长大成人，已经不是那个幼小的孩子时，只要愿意不断地学习、觉察、成长、改变，我们就会从那个糟糕的状态里走出来，完全有能力跳出这个禁锢我们的模式，活出更好的自己。

> 有一次，太太辅导儿子功课时对儿子发了火，儿子对我太太说："你为什么会对我发火，是因为你的能力太差，你没有能力管理好自己的情绪，才会对我发火。"过后，太太和我聊起这件事时很坦然，也很认可儿子的说法，她说当时的确如儿子所说的那样，因为能力不够，所以没法管好自己的情绪。

我也非常欣赏儿子的表达，父母自己的情绪应该自己处理，处理不好对孩子发火就是没道理，孩子就不接受。这是一种很有力量的表现，也是一种很好的情绪处理方式。

搞不定孩子的父母，说到底是搞不定他们内心那个不成熟的自己。

05

要让自己配得上孩子的优秀

很多父母可能配不上孩子的优秀

有一次，我们逛公园，走累了就在树阴下的长凳上坐了一会儿。不远处一对夫妻带着孩子在树下吃喝休息，等吃饱喝足了就准备带着孩子离开，全然不顾地面上留下的一堆果皮和垃圾。而此时孩子挣脱了父母的手转身回来，蹲下去一点一点捡起来，扔到附近的垃圾桶。那个男孩子看起来大概七八岁，我看他在蹲下去捡果皮纸巾的时候，他的父母就站在小路上等他，他们的脸色从一开始的无奈，到后面变得有些难堪和羞愧。

"新冠"疫情期间内，很多地方进入公共场所都要戴口罩、测体温。有一次，我在一个商场门口看到，一个爸爸拉着孩子要进商场，那个爸爸对着要给他测温的保安说："都没病测啥测，一天到晚烦不烦。"说完拉着孩子就想离开，然而孩子却主动把手伸过去，一边测温一边对保安说："叔叔辛苦了。"

这些都是真实发生在身边的事情，你会发现很多孩子的素质和品德比成年人要高。不得不说，有时候成年人也应该向孩子去学习。

> 有一次我们全家从外面开车回家，时间已经很晚了，我在小区里绕了一圈都没找到停车位，再开就要出小区了，我准备倒回去一段再看看有没有空位。结果我儿子大声说不行，这样违反了交通规则，我说小区道路不是外面的公路，不用按照交通规则来，再说就这一小段路，如果前面没有车位我再开回来。儿子坚决说不行，你这样做是错的。我还想坚持一下，太太在旁边轻轻地碰了我一下，于是我说好吧，儿子你是对的。我马上开出小区，再重新进来找车位。
>
> 下车时，太太说："儿子这么小就知道遵守规则，而且敢于跟爸爸坚持自己的想法，很不错，提出表扬。"儿子就笑了。说实话，我内心也认同儿子的做法，只是为了图省事就想忽略一些规则，殊不知这样反而给孩子做了坏榜样。

当然，如果父母很强势，可能未必会照顾孩子的想法和感受，而孩子明知道爸爸妈妈有些做法不对，却也无力反抗。这情况也并非没有。

父母不是圣人，也会犯错，犯错很正常，但如果明知道自己犯错了还不改，甚至还强迫孩子跟着一起犯错，那就是问题了。

做一个自律又好学的父母

自律非常重要，但只有父母自己真正能够自律，才会更有力量和底气去约束孩子。

有些家长总觉得孩子不爱学习，只喜欢玩手机、打游戏、看电视，一点都没有学生的样子。可在孩子的眼里，父母也整天不是看手机，就是打麻将、玩游戏。他们也会想：为什么你能这样，我就不能这样？

父母自己没有自律性，是没办法给孩子起到好的示范作用的。

我和太太经常会跟儿子谈心，也会问他："你觉得爸爸妈妈哪些地方需要改一改，然后就会变成一个更好的爸爸妈妈？"儿子就会提出自己的看法。我们就知道接下来哪些地方要提升。

去年年底，太太看到一个心理学平台上的问卷《父母的年终答卷》，然后让儿子给她和我分别打分，总分8分的问卷，她得了8分，我得了7分。

我问儿子是什么原因让我失去了1分，他说是因为我陪伴他的时候玩手机了。

我也把这份问卷展示出来，如果愿意的话，也可以让自己的孩子做一做。

父母的年终答卷

（选择题：总分共8分）

---

1. 孩子成绩不好，你能放下焦虑和攀比，接纳孩子吗？

口是　口否

2. 当孩子和你的意见相左时，你会选择尊重孩子吗？

口是　口否

3. 孩子犯错时，你能冷静处理吗？

口是　口否

4.平时你对孩子的评价是赞赏多于否定吗？

口是　口否

5.孩子与人发生冲突时，你会选择信任孩子吗？

口是　口否

6.陪孩子的时候，你有没有放下手机？

口是　口否

7.你是一位言而有信的父母吗？

口是　口否

8.你要求孩子做的，你自己有做到吗？

口是　口否

得分计算：

是 =1 分；否 =0 分。

0-2 分：不合格父母，需要自省和改变。

3-4 分：普通父母，要继续努力。

5-6 分：合格父母，要再接再厉。

7-8 分：优秀父母，做你的孩子一定很幸福。

这份问卷里面的题目非常直接，甚至有些题还很扎心，但这种直接和扎心，更能让我们获得真实的反馈和自我觉察。

当孩子出现一些问题时，家长不要一味去责怪孩子，也要学会从自己身上找原因。比如说，孩子最近这段时间成绩下降了，在责备孩子之前，父母先从自己的角度思考一下，是不是最近夫妻双方都忙于工作，辅导功课的精力不够了；是不是孩子最近遇到了什么困难，没有及时帮孩子沟通解决；是不是孩子有了什么心事，或是自己忽略了什么。

遇到问题懂得自我反省的家长，会更容易找出合适的方法，帮助孩子成长和进步。

做父母，让孩子优秀的同时，要先让自己优秀起来。

06

别让孩子活在自卑的阴影里

问问自己，你会自卑吗?

我相信很多人心里的答案都是会，而且不少人还比较严重。自卑本就是人生成长过程中非常重要的课题。

我们首先对自卑有一个大致的了解，比如，什么是自卑? 自卑的人会有什么表现?

自卑，通俗地讲就是经常低估自己的能力，觉得自己各方面都不如别人。阿德勒认为，自卑指以一个人认为自己或自己的环境不如别人的自卑观念为核心的潜意识欲望、情感所组成的一种复杂心理。自卑往往表现为对自己的能力、品质评价过低，同时可伴有一些特殊的情绪体现，比如害羞、不安、内疚、多疑等，包括特别在意别人的看法、遇事容易纠结、回避正常社交等行为，也都和自卑心理有着紧密的联系。

这些感受和行为在孩子和成年人身上都经常会有体现。

如果稍加注意，我们就会发现，有些人走路昂首挺胸，而且声音坚定，落落大方，这都显示出他们充分的自信和勇气。而有些人则在与别人互动时唯唯诺诺，明显表现出一种不能应付处境的胆怯和自卑。大多数人在人际关系互动中的很多表现，背后都有自卑心理在作祟。

还有的人特别爱炫耀，极大可能是害怕自己被别人看不起，因此会通过炫耀和别人较量。一个人越是炫耀什么，就越缺少什么，这本身也是一种自卑心理的体现。正如马良在《坦白书》中所写道："我所有的自负都来自我的自卑，所有的英雄气概都来自于我内心的软弱，所有的振振有词都因为心中满是怀疑。"

父母都期待自己的孩子成为一个阳光自信、乐观大方的人。可是，真正影响孩子性格的，是你的言行和态度，而不是你的期待。

我们想要培养一个身心健康的孩子，前提是不断地提升和完善自己身心健康的状态，并在此基础上去影响和引导孩子。

　　在儿子成长过程中，我特别关注他的内在状态，我希望他是开朗的、活泼的、自信的。我和太太给儿子足够的空间，同时给他足够的鼓励和支持，即使儿子给人的感觉有些内向、害羞，我也从不把这些词用到儿子身上，不会给他贴标签，更不会当面表达出来。即使有言行不当的表现，我们也尽量通过引导的方式帮他修正，而不是对其否定、呵斥和指责。我会小心翼翼地保护儿子展现出来的自信和勇敢，并尝试着强化，鼓励他继续朝着这个方向去发展。

我发现，在这样的陪伴下，儿子变得更自信了，他能够更敢于表达自己，也能够更为恰当地评价自己。

"别人家的孩子"是颗毒药

孩子自卑心理的形成，父母有一种表达方式"功不可没"，那就是"别人家的孩子"。一直以来，"别人家的孩子"都是一个让自家孩子头疼的人物，哪怕这个人物是虚拟的。

有一次我无意中发现，"别人家的孩子"竟是网络流行语，百度百科对这个词条的解释是：指一种你无论如何都超不过的生物，他们无所不能，并随时和你比较。"别人家的孩子"就是优秀的代名词，是世界上最完美的人。

父母这种恨铁不成钢的口头禅其实非常有杀伤力，这种糟糕的"激将法"不光让孩子反感甚至憎恶，还容易让孩子产生自卑和嫉妒的心理，让孩子既无法客观评价自己的优势与不足，也不能客观地认识他人。

> 我有一位关系不错的朋友，有一次跟我聊到他小时候的事情。他说，从小他父亲就喜欢在他面前夸别人家的孩子，并借此打击自己。他父亲同事家的孩子偶尔看一次书，他就不停地说那孩子一直是班里第一名，后来才知道这并不是事实；别人家孩子偶尔做点家务，在他父亲的嘴里就是一直都勤快懂事，十项全能；别人家的孩子能上墙爬屋，在他父亲的嘴里就是活泼灵巧。朋友哭笑不得地说："我后来就想是不是在我爸眼里，别人家孩子放的屁一定都是香的，那里面充满了迷人的味道和富有营养的化学物质。"
>
> 朋友很难过地说："就这样，我慢慢'中毒'了，我觉得周围的孩子都比我厉害，成绩好的孩子很厉害，会画画的孩子很厉害，能唱歌的孩子很厉害，调皮的孩子很厉害，敢跟老师顶嘴的孩子很厉害……而我，好像真的不如他们，我开始自我怀疑，我怎么就那么差劲呢？"

我只能安慰地说："这样的确比较让人痛苦，但是从动机的角度，我相信你父亲的出发点是好的，他是希望通过夸别人家的孩子来激励你。"他说："长大后我也能理解这一点，但很可惜，实际的效果并非如此，只会起反作用，你看我今天的样子，其实跟我喜欢的样子差得太多，我一点也不喜欢现在的自己……"

我们经常会听到有人说，我不喜欢自己的性格，我不喜欢自己的样子，我不喜欢别人对我的评价……那个所谓的"不喜欢"，其实就是不接受自己，说到底，是因为"自卑"。

还有一个朋友，现在四十多岁，是一家世界500强公司的财务总监，专业能力很强，收入也很可观，但他内心深处一直有个声音："你看看你，你怎么就是不如人家！"他说这个声音伴随自己三十多年了。

原来他小时候一大家子都生活在一起，他有一个比他大1岁的堂哥，这个堂哥长相帅气，成绩很好，关键是嘴巴很甜，能说会道，集一家人的宠爱于一身，简直是爷爷奶奶的掌中宝。而他本人身材瘦小，皮肤比较黑，而且也不太爱说话。因此，从他开始记事起，就听到父母对他说得最多的话就是："你看看你哥，再看看你，怎么差距就这么大？唉！"还经常边说边摇头叹气，一副恨铁不成钢的样子。

为此，他非常羞愧，也非常难过，他一直觉得在父母和其他人眼中，只有这个堂哥才是整个大家庭的希望，而他好像一无是处。他痛苦得甚至想离家出走，再也不回那个家。

后来他努力考上了重点大学，学习会计专业，之后又考了研究生，毕业后进入一家500强企业，一路做到了财务总监的职位。而他那个当年处处优秀的堂哥，因为早恋耽误了学习，后来没考上大学，在老家的一个工厂里混得不上不下。可朋友说："无论我在别人面前有多厉害，可内心总觉得不如别人。"

"总觉得不如别人"，如果带着这样的信念，人这一生就会活得很累。

而父母往往只管表达，不管会不会给孩子带来伤害。他们可能忘了，就算有"别人家的孩子"，那一定是先有"别人家的父母"，这一点，父母往往是讳莫如深、闭口不谈的。为什么父母那么喜欢用"别人家的孩子"来给自己孩子施加压力？因为跟逼自己比起来，逼孩子容易多了。

要知道，在这个世界上，并没有哪一个生命比另一个生命更高贵，更值得称赞。你的孩子就是你的唯一，也是这个世界的唯一，他（她）来到这世界上，就一定有他（她）存在的价值和意义。

父母要能看到自己孩子的优点，哪怕只是一点点，那也是一束光。

让孩子远离自卑，父母很重要

幼儿教育家玛利亚·蒙台梭利（Maria Montessori）说："儿童不会自己判断自己，他是以别人对他的态度来判断自己的。"

父母的观点和看法对孩子影响深远。父母如何看待孩子，决定了孩子如何看待自己。

你要对孩子持续输出一个信念：就是无论怎样，你都是我的孩子，我一样爱你。让孩子学会跟自己比较，而不是眼睛老是盯着别人。

如果一个孩子每次考试都是第一名，但是他（她）跟别人讲话时总是低着头不敢看人，声音小小的，那么有可能其家长在教育方面是存在一些问题的。

但如果一个孩子能够在别人面前自信开朗、大大方方地说："我排名并不靠前，可我也不差呀。"这倒让人觉得孩子的内心很健康。

另外，家庭条件一般的父母不能把自己该承受的经济压力，转嫁到孩子身上。有的家长一旦承受了较大的压力，就会对孩子提出期待或者抱怨：

> "要不是因为你花了那么多钱，我们怎么能过得这么辛苦……"
>
> "为了给你报那个班，妈妈花了半年的积蓄，你一定要认真学，要不然这钱就打水漂了……"
>
> "你怎么能和那个同学比，人家的爸爸那么能挣钱，你爸爸有那个本事吗……"

事实上，贫穷本身不会导致孩子自卑。但是如何看待贫穷，才是让孩子有了分别心的根源。物质的贫穷不可怕，可怕的是精神的贫穷。一旦精神贫穷了，自卑就容易在孩子心里生根发芽。

要让孩子知道，所谓财富，并不只是物质的财富，更重要的是精神财富。也许物质财富能用金钱来衡量，但精神财富是由一个人自身的精神满足感与幸福感来衡量的。追求物质的富有反而容易让人为钱所累，而一个人精神的富有才是真正的富有，因为他明白生活的意义，懂得如何看待生命。

就像很多人常说的"女孩子要富养"，也并非用金钱去满足女孩子的各种物质需要，那样反而容易培养出来"拜金女""物质女"。我们说的"富养"，是让她从小就获得来自父母无条件的、真正的爱，让她从小懂很多的道理，长很多的见识。

真正的富有，无关金钱多少，只关乎自己的内在，关乎你走过哪些路，有过哪些体验，关乎你是否拥有一颗平和喜乐的心。

父母内心富足了，孩子自然不会"穷"。

帮孩子建立真正的自我价值感

有一次，跟一位资深的心理学老师聊天。他说："以后的孩子，整体来看不会缺钱，但是容易缺乏价值感。"

我深以为然。

> 还有一位心理咨询师朋友跟我聊到，以前欧洲一些收入高、福利好的国家，有些年轻人容易迷茫，没有追求。他们不缺钱，父母也都是高知群体，他们活着的状态虽然没有痛苦，可也没有希望，不知道自己该干点什么，甚至有些年轻人选择了自杀。

这些随口聊天的内容我没有去查阅资料获得事实上的验证，但是我相信类似的现象会发生。

当一个人认为自己什么不都缺的时候，他就会失去前进的动力，无所追求，这才是可怕的。

因此，家长不要局限在自己狭小的视角里，每天跟孩子谈钱，如果孩子真的把目标定在赚钱上，一旦长大后赚到了钱，他就会失去人生的目标。

所以，下一代的孩子需要从小建立自我价值感，让他们学会为他人提供价值，懂得付出，乐于奉献，让他们在为他人、为社会、为国家、为世界做贡献的过程中获得人生的意义和价值，这才是我们教育孩子的重点。

07

没有完美的父母，何求完美的孩子

父母给予孩子的爱，经常是带有附加条件的。"如果你做到……我就会奖励你……""如果你不按照我说的做，你就会被惩罚……"这是很多孩子都有过的经历。

回头来看看孩子对父母的爱，却是纯粹的，真挚的，无条件的，而且孩子从来不要求父母是个完美的人。

你会给自己的孩子打几分

曾经有一个纪实节目，是妈妈与孩子相互评分的测试。

主持人把一群妈妈和孩子分为两组，分别在两个不同的房间，然后先问妈妈们：如果满分是 10 分，你们给自己的孩子打几分？妈妈们给自己的孩子评出了 5 分到 8 分不同的结果，个别妈妈甚至低于了 5 分。

然后主持人把同样的问题问到孩子们，你们给自己的妈妈打几分？孩子们不约而同都给自己的妈妈打了 10 分。

这个测试结果非常值得我们深思，也让很多父母汗颜。

在父母眼里，对自己的孩子总会有一个完美的期望，孩子达到了自己期待的标准才算得上完美。很多父母认为自己的孩子就是那个调皮捣蛋的孩子、不爱学习的孩子、没礼貌的孩子、挑食的孩子……总是那么不省心，总是给自己带来麻烦，因此，对孩子提出种种严格的要求，甚至打骂，让他们变为自己理想中的好孩子，却完全忽略了孩子的感受和需求。

而孩子对父母却没有这样那样的期待，在他们眼里，父母生而完美，无可挑剔。别的人再好，换给他们做父母都不可以。

> 我儿子喜欢玩小汽车，特别喜欢法拉利跑车，每次我们在路上看到法拉利跑车，他都会盯着它直到消失。有一次，我太太问他："儿子，如果用你的爸爸去换一辆法拉利，你愿意吗？"儿子说不愿意。太太又问："那如果用 10 辆法拉利换呢？"儿子说不愿意。太太继续："那一百辆呢？"儿子有点生气了，大声说："就算你用地球上所有的法拉利我都不换！"太太看了看我笑着说："你还挺值钱。"

不是我"值钱"，而是在孩子的心目中，父母永远都无可替代。

让孩子变为自己眼里的完美作品，只是父母的一厢情愿。但是要知道，孩子也是人，就算小时候任你摆布，长大了也会有他（她）自己的想法，走他（她）自己的路。对于父母来讲，期待一个完美的孩子，本身就是错误的。

那么，如何面对和接受孩子的不完美呢？

第一，不要让自己成为一个"完美主义者"。

对美好的追求并非完美主义，允许追求美好的事物，但不要有"完美主义情结"。一位心理学老师说，完美主义是自己搞死自己最有效的方法，我很认可。

因为它就像强迫症一样，让人总是把标准定在超越自我能力的高度上，惯用的潜台词就是"我不够好"。

完美主义的成因通常源于小时候父母过度地奖励成功或过度地惩罚失败。完美主义并不只是想把事情做到尽善尽美，而是因为不完美会让他们内心感到深深的恐惧。完美主义者在达到所谓"完美"之前几乎每时每刻都在担心自己不够好，这样最终可能导致一个人什么都不愿意做，因为只有不打的仗才不会输，只有不做才永远都不会错，这样最终会让人停留在臆想的"完美"里，无所成就。

不让自己成为完美主义者，才能活得轻松，活得洒脱。但是，如果不自觉地喜欢追求完美，给自己造成了困扰，也可以通过一些心理辅导的方法进行自我完善。比如可以通过在内心和自己对话，告诉自己：我有权利选择自己要做的事，也有权利放弃或改变。我有权利选择自己要做的事，也有权利成功或失败，同时我也有能力让自己保持轻松、快乐。

另外，还可以经常提醒自己：我不完美，同时我每天可以变得更好。

第二，如果你认为自己不完美，也请允许孩子不完美。

家长如果太爱孩子，就容易失去平常心。

传统的"望子成龙，望女成凤"的观念左右着父母的行为，于是他们"爱之深，责之切"，对孩子求全责备，其中既投射了父母的功利心和虚荣心，也让孩子时时处在一种焦虑和恐惧中。

有些父母，总会以完美的标准来要求孩子，不允许孩子犯一点错，也不愿孩子跌一次跤，这本身就是给孩子的成长设置障碍。

通常而言，越是关注问题，就越有可能强化问题。如果把焦点放在孩子的优点上，让他（她）充分释放和发挥自己的优点，就会减少犯错的机会。关注孩子好的行为，忽略他（她）不好的行为，让他（她）慢慢去转变。

父母想快速改正孩子的缺点，始终是很困难的，因为习惯不是短时间内形成的，在转变的过程中，不能操之过急，给孩子一点纠偏的时间。记住一句话，叫"温柔的坚持"。

第三，多关注孩子的优点，并给予肯定和赞美。

生活中很多人只看到了别人的缺点，而忽略了别人的优点。如果孩子在某些方面不如别人，这很正常，也无须对此耿耿于怀。其实，别人的孩子肯定也有很多不如你家孩子的地方。

合格的父母，不是参照心中那个完美的标准不断地去否定孩子，使孩子丧失自信，而是在不完美中不断地发现孩子的优点和长处，去肯定孩子，激发孩子的自信和潜能，让孩子越来越优秀。

完美的前提是接纳不完美。

所谓悦纳孩子，除了要欣赏孩子的优点外，更要包容孩子的错误。我们要清醒地认识到，错误是孩子成长中不可或缺的垫脚石，不要剥夺孩子在错误中学习的权利。

允许孩子犯错，允许孩子走弯路，才能让孩子在犯错和改错中发挥出自己的潜能。

08

面对孩子，你关注什么就得到什么

你的世界，只是你注意到的世界

有一次我给一家企业讲课，让大家现场做了一个小小的测试：假设有一天，你开着一辆公交车，从起点站出发的时候，车上有12个人，到下一站的时候，上来5个人，下去1个人；到第二站的时候，上来3个人，下去2个人……这个时候我就发现有些学员开始用笔去计算了，更多的人是在心里默算。我接着说，第三站的时候，上来4个人，下去5个人；第四站的时候，上来8个人，下去4个人；第五站还没到……此时我的问题是——司机今年年龄多大？

你会发现，大家听到这个问题后基本都是一脸蒙：什么？因为他们一直在专注于人数的增减，司机今年多大年龄我怎么知道？绝大多数人都忽略了我在一开始就说的前提：假设有一天，"你"开着一辆公交车……既然是"你"开着公交车，那么你多大年龄，司机就多大年龄。

生活中你也会发现这样一类父母，跟别人聊天的时候，经常聊到自己孩子的缺点，很少当众表扬和肯定孩子的优点。

有一次，一位朋友谈到一个很有意思的事情，他说一个妈妈跟他聊天，一提到自己孩子，就对孩子的成绩嗤之以鼻："他那个成绩哦，差的呀……"然后就开始滔滔不绝数落孩子糟糕的学习成绩。如果你打断一下问她："那你孩子有什么优点吗？"她就愣住了，会说："优点嘛，我想想，他在学校跟同学处得不错。可是他那个成绩哦……"又来了。你再问她："那你孩子还有别的优点吗？""我再想想，哦，这孩子对爷爷奶奶挺孝顺。可是他那个成绩呦……""除此以外还有什么优点呢？""我好好想想，也没什么优点了吧，哦，老师说他在学校喜欢帮助别人。可是他就是成绩差啊，你说怎么办？"

聊下来你会发现，在这个母亲的眼里，成绩不好掩盖了孩子所有的优点，她甚至都没有注意到自己的孩子还有优点。"反正成绩好比什么都强"。

这也就是我常说的"你的世界只是你注意到的世界"。当父母把焦点放在孩子的某一个缺点上时，就忽略了孩子身上的其他优点。

如果父母从小就对孩子有很多要求和挑剔，那么就会导致孩子天然形成一双挑剔的眼睛去看待别人，对人比较苛刻，这也会影响孩子将来的人际关系。

父母越能接受当下自己的状态，就越能接受孩子出现的问题，也更能用平和的状态去面对和处理孩子的问题。也就是说，自己才是真正需要提升的。

这个世界上，有多少父母不是想通过孩子去完成自己曾经的遗憾？

孩子的问题往往在父母身上有答案

我有一位非常要好的朋友，从初中开始认识，到现在都二十多年了。朋友长得高大帅气，但是背有点驼。

他说小时候因为个子高，在学校里老师让他坐在最后一排，而最后一排的学生大部分成绩都不太理想，他就觉得个头太高不好，于是站着的时候就喜欢弓着点身子，他觉得这样能让自己显得矮一点。但他妈妈一直跟别人说他是驼背，有时别人夸他，小伙子长得真帅，他妈妈立刻就会跟上一句："可惜就是背有点驼。"有时候还会加上一句："不知道以后还能不能谈到对象哦。"

他妈妈这样说多了，以至于周围的人都说他是驼背，连他自己都觉得自己是个驼背。其实他只是站得不太直而已。于是就开始变得越来越不自信，走路时也不敢看别人，生怕别人在背后指指点点说他是个驼背，还老觉得自己以后连对象都找不到，他说这件事情让他焦虑了很长时间。

有一次去他家里，我看他弓着身子在厨房炒菜，就跟他开玩笑说："你站直了能把房子顶出洞吗？"他妈妈接过来就说："他从小就是个驼背。"我朋友说："我哪是个驼背，还不是被你说的。"他妈妈并不承认，气呼呼地说："你不是驼背，我还能把你说驼背吗？"

私下里聊天，他说你是学心理学的，你应该知道父母的话对孩子影响有多大。我知道父母都是爱我们的，可是这么多年了，这件事真的让我很痛苦，我一直就觉得我妈妈是在拿驼背嘲笑我，伤害我。我现在是成年人，也能理智地告诉自己，要放下这件事，我应该更加自信。但不知为什么，我仍然很在意别人对我的看法，我总觉得自己不够好，说实话，我这样活得挺累。

我听了很难过。父母总是站在自己的角度，死死盯着孩子身上的某个缺点，最终因为这个缺点被他们无限放大，成为孩子成长中的创伤，我相信这样的事情在我们周围还有很多。

还有的家庭因为"重男轻女"的观念，也很容易给孩子带来伤害。

我曾看到过这样一个案例：

> 一个优秀的女孩子，大学毕业后找到了理想的工作，收入也很高，于是想把父母接到身边一起生活。但奇怪的是，每当他们在一起生活一段时间后，她心里就不舒服，总想逃避和父母之间的相处。但是分开后，她又会很想念父母。
>
> 这个女孩从小就很出色，一直都是周围人眼里的"别人家的孩子"。但在她刚上初中那年，有一次，父母带着她去亲戚家喝喜酒，开席前大家都聚在一起聊天，很多人都夸她又懂事学习又好，她爸爸就说："成绩再好有什么用，又不是个儿子。"她妈妈也随口应了一句："就是，终究是别人家的人啊。"他们的对话正好被站在背后的女儿听到了，女儿听了偷偷地伤心了很久。
>
> 虽然事情过去很久了，但那句话始终让她无法忘怀。理性告诉她，虽然她是个女孩，父母还是非常爱她的，也许父母就是对别人的夸赞谦虚一下而已，但她内心的感性层面却无法完全接纳，于是对父母始终有一种莫名其妙的排斥感。

有些"重男轻女"的伤害远远比这个要严重，需要指出的是，在重男轻女的家庭里，无论是溺爱男孩子，还是轻视女孩子，都会造成他们成长中的心理伤害。

生命，本就需要被公平对待。

09

爱是一种重要的能力

　　前面谈了很多爱孩子的理念和方法，很多父母也知道要去爱自己的孩子，可问题是，并不是单纯凭借爱的意愿就可以，爱也是一种能力。

　　有的女性朋友有了孩子之后，为了照顾孩子就做起了全职妈妈，放弃了自己的职业，放弃了自己的生活，全身心地投入在孩子身上。她们起早贪黑，任劳任怨，以为这是真正地爱孩子。

　　我认识一个妈妈，为了孩子几乎牺牲了自己所有的时间，接送孩子上下学，辅导孩子做功课，给孩子做饭，寒暑假陪孩子参加辅导班，用她的话说："我这一辈子，就为了这个孩子啊。"相信这样的场景，在不少家庭都出现过。

　　可是，尽管她为孩子付出了所有，到头来孩子却经常不领情，抱怨她不理解自己，认为她不是个好妈妈。老公也认为她做得不够好，觉得她不会生活，一天到晚就像个老妈子，缺乏情趣。当她全力以赴围着孩子转的时候，她就变成了聋子，瞎子，眼睛里除了孩子其他什么都看不到。当孩子对她不满，发出抱怨的时候，她却总以为是自己做得还不够。

这种爱看似伟大，却彼此压抑着诸多的情绪，隐藏着诸多的期待，蕴含着诸多的冲突。多年以后，这种伤害一定会以自己不能接受的方式爆发出来。

真正的爱不是无原则、无止境的付出，而是同时满足自我和他人的需求，能够爱自己且满足自己的前提下，才能更好地爱自己所爱之人。

有些妈妈聚在一起经常会发出相似的感叹：

"感觉有了孩子，我就没自己的时间了。"

"我已经很久没有和朋友一起出去玩了……"

"自从生了孩子以后，身材都走样了。"

是的，有些女性有了孩子，就没有了自己。

她们体型愈发丰满走样，如果让她们去运动、去旅游、去逛街，她们会说："我哪有时间啊？孩子可离不开我。"

看似言之凿凿的理由，让人无法反驳，可是她考虑到了孩子的一切，却唯独没有为自己考虑一点。

教育家马卡连柯曾经说过：一切都让给孩子，为之牺牲一切，甚至牺牲自己，这是父母所能给孩子的最可怕的礼物。

父母爱孩子当然没错，可是，爱孩子的前提是：先要有自己的生活，要先学会爱自己，照顾好自己的身心健康。前面我提到，家长要帮助孩子建立真正的自我价值，但问题是，很多家长自己并没有建立起真正的自我价值。

　　妈妈首先应是个独立的人，先要做自己，先要有"我"这个核心的角色，然后才是别人的妻子、母亲、女儿、姐妹这些角色。

　　爱自己永远是放在第一位的。否则，一个连自己都不爱的人，又怎么能奢望别人爱你呢？一个没有自尊的人，又如何奢望别人会尊重自己呢？

　　美国家庭治疗师维吉尼亚·萨提亚（Virginia Satir）写过一首心理诗，叫《爱的法则》，细细读来，总让人感动。我把这首诗完整地放在此处，分享给大家，用以共勉。

《爱的法则》

如果你爱我

请你爱我之前先爱你自己

爱我的同时也爱着你自己

你若不爱你自己

你便无法来爱我

这是爱的法则

因为

你不可能给出

你没有的东西

你的爱

只能经由你而流向我

若你是干涸的

我便不能被你滋养

若因滋养我而干涸你

本质上无法成立

因为

剥削你并不能让我得到滋养

把你碗里的饭倒进我的碗里

看着你拿着空碗去乞讨

并不能让我受到滋养

牺牲你自己来满足我的需要

那并不能让我幸福快乐

那就像

你给我戴上王冠

却将它嵌进我的肉里

疼痛我的灵魂

宣称自我牺牲是伟大的

那是一个古老的谎言

你贬低自己

并不能使我高贵

我只能从你那里学到"我不值得"

自我牺牲里没有滋养

有的是期待、压力和负担

若我没有符合你的期望

我从你那里拿来的

便不再是营养

而是毒药

它制造了内疚、怨恨

甚至仇恨

我愿你的爱像阳光

我感受到温暖、自在、丰盛喜悦

请爱你自己吧

在爱他人之前先爱自己

爱自己不是自私

牺牲自己并不是爱的表达方式

爱的源头就在那里

除非你让自己成为管道

不然爱不能经由你而流向我

你若连接

爱会滋养你我双方

你若断开连接

爱便不能经由你而流向我

你的爱便不是真爱

而是自我牺牲

那不是我想要的

爱自己，是生命的法则

除非爱自己

你不可能滋养到别人

我愿意看到充满爱和滋养的你

而不是自我牺牲的你

因为，我也爱你

我爱你

必先爱我自己

否则，我无法爱你

而你，亦当如此

生命的本质是生生不息的流动

生命如此

爱如此

请借此机会好好爱自己

10

父母的成长是亲子关系改善的前提

要给孩子提供有营养的家庭土壤

有一次太太跟我聊天，说她做心理咨询工作，接亲子关系个案的时候会更加慎重，我问她为什么。她说："大多数父母都认为孩子的问题都是孩子自己造成的，他们总以为把自己眼中'一堆问题'的孩子送到心理咨询师面前，经过一番交流疏导，很快就能还给他们一个乖巧的能够按照父母意愿行事的孩子，这怎么可能？他们完全没有意识到孩子的问题跟父母有着千丝万缕的关系，甚至有些孩子的问题都是父母造成的，往往最需要做咨询的是父母本身，而他们却总是选择视而不见或者开脱逃避。"

我深以为然，要想把一个孩子教育好，确实是一个庞杂的系统工程。

种过庄稼的人都知道，要想让土地长出好庄稼，开春的时候你要先播下健康饱满的种子，接下来你要给它施肥、浇水，在它长大的过程中，你要冒着炎炎烈日为它除草防虫，要顶着电闪雷鸣为它遮风挡雨。你要持续地照顾这棵小苗，旱了浇灌，涝了排水，让它长大，到了秋天它才能成熟，长满沉甸甸的穗子。

种庄稼都要付出那么多，何况养一个有血有肉、有思想的孩子呢？

有的父母以为孩子生出来，给他（她）吃，给他（她）穿就能把孩子养好，哪有那么轻松容易呢。

如果家庭的成长土壤出了问题，那么"长出来的苗"就会有问题。自己不想办法"改善土质"，也不去"浇水施肥""除草防虫"，没事就躺着看手机玩游戏，夫妻间没事闹个矛盾吵吵架，搞不好还要拿孩子来出出气，你怎么指望能长出好苗子呢？

曾经一个满心忧虑的妈妈问我："老师，我和我老公经常当着孩子的面吵架，有时还互相摔东西，你说这样会不会影响孩子的学习啊？"

我跟她讲："一定会的，不光会影响学习，还会影响孩子的心理健康。"

很多父母平时都没有觉察到孩子有问题，孩子开始暴露出一些问题时他们也不放在心上，芝麻大的问题变成了核桃那么大，他们视若无睹；核桃大的问题变成了苹果那么大，他们无动于衷；苹果大的问题又变成了西瓜那么大，他们才看到，然后开始惊慌失措，才想着要去快速解决掉。事情都发展到很严重的程度了，那解决起来的难度，要花费的精力，自然就不是一般的大了。如果在这个基础上进一步演变为极端事件，那父母真的会后悔莫及，但也可能为时已晚。

你愿意为孩子做出改变吗

我看过一个案例：有个妈妈，因为儿子青春期叛逆的问题走进了心理咨询室，一番交流下来，咨询师说她需要做出一些改变，那个妈妈很生气，便对心理咨询师说："我来向你咨询我儿子的问题，凭什么还要我去改变？"说完，拿起包转身就离开了。

过了一些天，她又回来了，说儿子的问题实在是太严重，她很不甘心地问咨询师："难道不是我儿子需要改变吗？"咨询师说："除非你的儿子愿意来做咨询……"她说："那不可能，他说自己没问题，打死都不会来的。"咨询师说："那就需要你做一些事情，只有你改变了，你儿子才有可能会改变。"她又问："是不是我听了你的，儿子的问题就解决了？"咨询师说恐怕没那么简单。她又气呼呼地离开了。

第三次，她又走进了咨询室，一坐下来就哭了，说儿子在家里拿刀要砍她，要是再不解决的话，她怕是连命都没了。咨询师说那你愿意做出改变吗？她点点头。

你看，让一个人做出改变有多难，没有严重的后果和伤痛，很少有人愿意主动去改变。

抗拒改变是人性使然，任何突破原来舒适区的行为都会让人感觉到不适。所以让父母去做出改变，那是非常难的事情。

可是，如果父母自己不改变，孩子又如何会改变？但如果不痛到一定程度，谁又会愿意主动做出改变呢？这就是很多亲子问题的困境。

从成长的角度讲，心理咨询师的作用在很大程度上，就像撑杆跳运动员手里的那根杆子一样，运动员自己不助跑，不起跳，不努力，那根杆子再好都没用。毕竟改变是自己的事情。

与其总在下游抗洪抢险，不如早点在上游植树造林。

如果亲子关系真的出现了问题，那么不要把所有问题都归咎于孩子，也不要就着问题谈问题，那样也只是治标不治本。父母只有进行全面深入的分析，站在客观的角度找到真正的原因，让自己成长和改变，亲子问题才能得到真正的解决。

像个救火队员一样去解决问题，永远是在做表面工作，防火的工作更重要。

第 ⑥ 章

问题——那是爸爸妈妈为你做得还不够

　　比利时戏剧家莫里斯·梅特林克(Maruice Maeterlinck)的梦幻剧作品《青鸟》，描写了一对叫蒂蒂尔和米蒂尔的兄妹俩，在圣诞节前夜受仙女之托为邻家生病的女孩寻找青鸟，他们历尽千辛万苦，到了思念之国、夜之宫，也到了森林和墓地，最后又来到幸福国和未来王国，但就是找不到理想中的青鸟。最后，他们发现自己家的斑鸠就是青鸟，青鸟治好了邻家女孩的病，然后飞走了。兄妹俩也在这一次历险中领会到了幸福的真谛：原来青鸟就在自己家里，而幸福，就在身边。

　　作为父母，我们常常会发现孩子身上有各种各样的"问题"，甚至为此而苦恼不已，并且带着"关心和重视"到处去寻医问药，寻求帮助。殊不知，作为父母，孩子的那些"问题"跟自己密切相关，我们自己就是解开那些枷锁的钥匙。

　　对于父母和孩子之间的关系，有一种状态的呈现，叫觉醒。

　　如果幸福不能让你觉醒，那就用烦恼；

　　如果烦恼不能让你觉醒，那就用痛苦；

　　如果痛苦不能让你觉醒，那就用疾病；

　　如果疾病不能让你觉醒，那就用生命。

　　一切遭遇，只为感化你；一切坎坷，只为唤醒你。

01

经常制造麻烦的孩子更需要关爱

在生活中，我们经常会看到有些孩子会故意惹大人生气，而他们的父母会真的对此气愤不已，有的会呵斥甚至打骂。有些人会觉得奇怪，孩子为什么要这样？

我们往往容易忽略孩子故意做出某些不当行为背后的含义，孩子很可能是在呼唤被照顾和被关爱。

除了故意惹自己的爸爸妈妈生气以外，有些孩子也会在生活中有各种各样的不当行为，有些是故意的，但更多的是无意识行为，或者叫潜意识行为。

我们会注意到，孩子制造的麻烦通常表现在睡觉、起床、吃饭、上课或晚上洗澡的时候，有些孩子夜里会做噩梦或者尿床，有些孩子会有严重的拖延行为，有些孩子会非常挑食，有些孩子会在课堂上捣乱等。如果孩子表现出类似这些症状，而且也排除了医生明确诊断后的病理行为，那么几乎可以推断出来，这个孩子的成长环境或多或少是有问题的。孩子不断地制造麻烦，其实就是在不停地寻找吸引父母目光、控制大人的武器。在这种情况下，父母对他们进行惩罚通常是没有用的，因为他们要的是照顾，如果不能达成所愿，他们还会制造更大的麻烦去刺激父母来惩罚他们，让父母明白他们不惧怕惩罚。其实，孩子想要的只是亲子之爱，他们非常需要关爱。

我们要秉持一个理念：就是任何一个孩子出现的状态，或者你认为的问题，实际上不是孩子有问题，而是孩子需要帮助。我们要相信，孩子自己并不想出现这些问题，只是他（她）不知如何有效表达自己的诉求，甚至他（她）也搞不清楚自己为什么会这样。所以他（她）需要父母的关注和帮助。

如果我们把孩子当成问题，我们就站在了孩子的对立面，而且我们之所以会把孩子当成问题，很大程度上是我们解决问题的能力不够。

在接下来的内容里，我会梳理一些比较典型的所谓"问题儿童"的行为表现，在剖析这些问题的同时，也尝试着探讨我们该如何面对和处理这些问题，以供被"问题"困扰着的爸爸妈妈们参考和借鉴。

02

多动，手脚不停的孩子

我儿子小时候学画画时，有个五六岁的孩子也在同一个画室上课，每次都是奶奶送去学习。那孩子只要进了画室就手不停歇，什么东西都去碰，桌上的茶杯，他伸手就给推到地上；别的小朋友手里拿个魔方，他直接抢过来；他会一把抓起电话座机，乱按上面的键盘。有一次，我在旁边打开笔记本电脑做点事情，他过来一下就把电脑屏幕给合上了。孩子的行为搞得画室的老师和其他人经常哭笑不得。当然，这个孩子的奶奶一点儿也没闲着，就一直跟在他后面，嘴上不停地说这个不要动，那个不要动，但是拉都拉不住，一步跟不上可能就要闯祸。

我和这个孩子的奶奶聊天，问："小朋友一直是你带的吗？"她说："是啊，爸爸妈妈都那么忙，起早贪黑，哪有时间带孩子啊，生下来就一直都是我带的，晚上也是跟我睡的。"我问："孩子在家里也是这样吗？"她说："是啊，在家里被爸爸打了好多次都没用。"我基本上可以判断出，如果排除"多动症"（它的学名叫注意缺陷多动障碍 –Attention Deficit Hyperactivity

Disorder，ADHD）的原因，这个孩子出现这种症状最主要的原因就是缺少父母的用心陪伴，他在家里不停地做出各种不恰当的举止，都是为了吸引父母的目光和关注。一旦养成习惯了，去到别的地方也闲不住。如果父母耐心而平和地陪伴他一段时间，也许就会好很多。

孩子是很智慧的，他也许不知道自己行为是不恰当的，但是他的潜意识会发出信号，如果想要父母多关注他，就要多做事情吸引他们的目光，于是他就一直不安分，一直不停地动。

我们会注意到生活中有不少像这样的孩子，他们的具体行为表现就是：

（1）注意力集中困难。一个玩具拿到手里玩不到一分钟，就要丢掉玩另一个，手脚闲不住，即使在课堂上也是如此，没有耐心，注意力维持时间很短，一堂课下来大部分时间双手都在做跟听课不相关的事情。

（2）做事比较冲动。就是通常说的手比脑子快，不经考虑就突然做出某些意想不到的动作，如果别人劝阻就会发脾气。在学校里可能会突然袭击同学，抢别人东西，喜欢拉扯别人，喜欢奔跑。

这样的孩子虽然随着年龄的增长，行为表现会逐渐减轻或有很大改善，可是这个过程中的确会出现一些不良影响，比如成绩不稳定，甚至很差，团队适应力糟糕，行为乖张，不受别人的欢迎，严重一点可能就会厌学、逃学，和别人经常发生各种矛盾冲突等。

因此上述问题需要父母及时关注，耐心地帮助矫正。通常以下的做法可以帮助改善：

（1）父母需多陪伴孩子，而且陪伴中保持足够的耐心和包容度，保持情绪平稳，对孩子多鼓励肯定，少批评吼叫，针对孩子表现好的行为及时给予认可和表扬；

（2）让孩子多放松，多休息，多听轻音乐，不做容易引起精神紧张和刺激的事情，给孩子合理安排作息时间，饮食营养均衡；

（3）在陪伴的同时，鼓励孩子多参与集体活动，但是要密切关注孩子的表现，在活动中给予引导和矫正，对于良好的表现及时给予奖励；

（4）如果在陪伴中发现孩子行为没有改善，可以寻找有经验的心理咨询师协助。严重的需要及时送医，适当进行药物干预。

03

喜欢攻击别人的孩子

小区里有一个四五岁的男孩子，有一段时间行为很奇怪，每次见到小区门口的保安就会跑去攻击他们。孩子父母说，他以前从来都不会主动攻击别人，但最近只要看到穿制服的保安，就会上去拳打脚踢的，莫名其妙。

有一次，我带儿子在小区的广场玩，那个孩子的爷爷也带着他在一起玩。玩了一会儿，那个爷爷就提醒孩子，说要回家吃饭啦。孩子玩得正开心，就不愿意回去。爷爷叫了几次都没用，后来爷爷着急了，就生气地说："你到底走不走，再不走我打 110 叫警察来抓你啦。"这孩子眼里出现了恐惧，很快就低头跟着爷爷回家了。我似乎找到了这个孩子喜欢攻击保安的症结所在。

请注意，一旦孩子做出不恰当行为，或者不服从指令，爷爷就会恐吓他，说要拨打 110 让警察来抓他，于是孩子就自然会把抓他的警察当作他的"敌人"，当成自己的对立面，为了避免警察来抓他，他就会主动去攻击穿保安制服的人（他把保安当成了警察），从而更好地保护自己。

　　而且爷爷的做法还有一个负面影响：小孩子都知道，警察是抓坏人的，但爷爷说警察会来抓这个孩子，孩子就会潜意识认为自己是个坏孩子。

　　如果一个孩子不断和别人产生冲突，并担心如果自己不主动攻击别人，就会受到他人的攻击，那么我们基本可以推断出他对外界的环境带有一份敌意。通常的表现就是：对他人会有身体攻击，会踢人、打人、咬人，也会有言语攻击，比如吼叫、骂人、直呼长辈名字等，或侵犯别人的权利，抢夺其他小朋友的玩具、争抢一堆玩具中最大的、最好的，不许别人碰他（她）等。

　　孩子是没有足够的力量跟父母对抗的，如果父母在家里经常打骂孩子，他（她）就会带着一份负面的体验和情绪，在外面就可能会攻击比他更弱小的孩子，这本身也是一种内在的平衡。

　　这样的孩子更需要被关注和鼓励，需要温暖和肯定。父母应该明白，在孩子不被接受的行为背后其实隐藏着恐惧——害怕表现出脆弱的恐惧。

　　作为父母，如果孩子有这样的行为表现，可以采取如下的措施：

　　（1）父母先做好榜样。注意自己的言行，无论是夫妻之间，还是对待他人或孩子，不要展现攻击性行为，不要给孩子制造这方面模仿学习的机会；

　　（2）给予足够的关心和陪伴。多对孩子进行温柔细腻的身体抚触，多和孩子交流开心轻松的事情，同时多引导孩子分享自己的想法和情绪，并给予分享后的认可和肯定；

　　（3）用优秀的动画片和绘本影响孩子。多让孩子看那些伙伴们在一起互帮互助、亲爱团结的动画片和优秀的绘本，让他（她）知道善良可爱、温和大方的人物角色在一个团队里多么受欢迎；

　　（4）直接警告和阻止。当孩子出现攻击行为时，父母要及时干预，并蹲下去严肃而坚定地跟孩子说："爸爸/妈妈爱你，可是你刚才打人的行为是错误的，爸爸/妈妈不喜欢你这样！"盯着孩子的眼睛，让他（她）意识到你真的很严肃；

（5）亲身体验和引导。在适当的时候，可以进行角色扮演，"如果我像你这样攻击踢打你，你会有什么感觉？你喜欢别人怎么对待你？"要探究孩子行为的动机，因势利导。

04

孩子尿床背后的秘密

> 有个学员曾和我聊到，她儿子上大班，但经常在学校午睡尿床，让她非常苦恼。按道理来讲，这个年龄的孩子已经可以自主大小便了。

这种现象其实不少见，甚至有些孩子已经上小学了，还是会尿床，这通常是什么原因呢？事实上，这些控制不好大小便的孩子里面，只有极少数孩子有大肠和膀胱等方面的生理疾病问题，绝大部分都跟生活中的教养模式有关。

后来继续交流了解到，在孩子上中班时，老师建议家长要给孩子立规矩，而且孩子那时也有点调皮，于是孩子爸爸经常惩罚孩子，希望给他立下规矩，但因为方法不到位，给孩子留下了心理阴影。我认为这有可能是引发孩子尿床的原因。

绝大多数不去控制或控制不好自己大小便的孩子，是因为他们心理上还不想告别自己的婴儿时期，不想告别那种没有任何烦恼的日子。他们用身体发出信号，使用这些"伎俩"是为了得到家长和老师的同情或关注。这说明孩子在当前阶段承受了较大的压力，或者遭到了不太好的待遇，让他们想退回上一个发展阶段。这是一种典型的心理防御机制,在心理学里被称为"退行(regression)"。

"退行"是指人们在受到挫折或面临焦虑、应激等状态时,放弃已经学到的比较成熟的适应技巧或方式,而退行到使用早期生活阶段的某种行为方式,以原始、幼稚的方法来应付当前的情景,来降低自己的焦虑。有些家庭的二胎出生后, "大宝"为了引起父母的关注,也常会出现"退行"的状态。

因此,孩子出现类似的情况是他们一种情结的外在流露,或者是他们追求原来的优越感的表现,而不应该被看作问题,甚至受到不公平对待。

如果孩子出现了这种现象,父母也不用过于紧张,这只是暂时的功能性失调,经过一段时间的调节干预后,就会减轻或者消除。具体的做法包括:

(1)首先在自己放松的前提下,对孩子多包容、多安慰,千万不要斥责和惩罚孩子,孩子一旦有了进步不要吝惜自己的表扬和鼓励,增强孩子的信心;

(2)不要恐吓孩子,给孩子制造精神压力。不要让孩子过于疲劳和辛苦,不让孩子承担太大压力,多带孩子出游放松,多接触大自然;

(3)不要让孩子接触到激烈的人际冲突,父母之间尽量不要在孩子面前争吵,避免让孩子过度紧张和受到精神刺激;

(4)白天尽量避免让孩子体力透支或者过度兴奋,晚饭不要吃过量,入睡前半小时内少让孩子喝水,睡前先排净小便,让孩子轻松入睡。

05

有"拖延症"的孩子

之前有家长提问，说自己 6 岁的女儿有很严重的拖延症，做事情老是磨磨蹭蹭的，问怎么办？这种问题我估计不少父母都会有困惑。

当然，拖延的成因也不能一概而论。

做事情拖延的原因有很多。比如有个朋友曾说，他之所以做事情会磨蹭拖延，最主要的原因是没有人教他做事情正确快速的方法。所以，他做每件事情都要自己花时间摸索，自然就会比别人慢很多，于是就成了别人眼里的慢性子。

此外，很多父母本身就是严重的"拖延症"患者，于是孩子有样学样，也成了所谓的"拖延症"患者。就像父母自己赖在床上，非要让孩子起床，这就很难，即使孩子起来了，也是迫于你的淫威。因此，让孩子克服拖延习性的最有效方法，就是父母先改掉自己的拖延习惯，为孩子树立言传身教的典范。当父母准时高效地完成一件事情，而且做得很圆满时，让孩子看到你高效完成事情的开心与快乐。让孩子学会活在当下，而非活在"遥远的明天"。

有的孩子拖延是由于父母持续施加的压力造成的。比如有的孩子一开始做事情很高效，可以快速地完成作业，但他（她）发现作业完成后父母还会安排更多的作业，根本没有放松和娱乐的时间，那还不如做得慢点，这样虽然无法玩乐，但是可以少做点不喜欢的事情。

另外，还有一类孩子的拖延是因为追求"完美主义"的心理在作祟，因为担心自己做得不够好，于是迟迟不愿意开始。因为最完美的状态，就是什么都不做。这种情况下，父母要适当让孩子放松，不要给太多压力，同时告诉孩子，无论他（她）做出什么样的结果，他（她）都是爸爸妈妈最爱的孩子，爸爸妈妈都接受，鼓励孩子放松、放心去做。

如果孩子因为专注力不够造成拖延，可以用"定焦法"来进行训练。当发觉孩子无法集中注意力时，可以用沙漏或计时器，根据孩子的专注力程度，教他们设定10分钟或20分钟，在这段时间内只能做一件事情，而且不准休息。这样孩子就会在那段时间里集中精力做一件事情。当然一开始需要父母耐心地陪伴和监督。

需要强调的是，一旦孩子进入了专注状态，父母要立刻开启"免打扰模式"。有的父母对孩子做事情拖延或不够专注心生不满，可当孩子进入专注的状态时，他们又展现出对孩子过于关心的一面，一会儿问孩子冷不冷，一会儿问孩子渴不渴，一会儿给孩子端杯牛奶，一会儿给孩子喂点水果。孩子很好的专注状态就这样被打破了，过一会儿父母又开始吼叫起来："你专注一点！"因此，父母要清楚地认识到，培养孩子不拖延、专注的状态，需要我们给孩子营造一个安静的环境，而父母本身也是这个环境的一部分。

06

爱"撒谎"的孩子

　　撒谎这两个字我加了引号，是因为我们认为的谎言，对于孩子来说，未必真的是谎言。

　　几岁的孩子，没有能力区分清楚因果关系和逻辑关系，也经常无法真正分清楚什么是真实、什么是谎言。他们只知道自己做了一些事情会引起父母的不快，自己会有麻烦了。怎么办呢？为了逃避惩罚，他们就会编造一个故事，也就是我们所说的谎言，来解释自己为什么没有完成该做的事情，或者为什么犯了某一个错误。他们往往对那些在成年人看来漏洞百出的"谎言"深信不疑，也不知道会有什么后果。这就是一种为了逃避惩罚而选择的"自我欺骗"的自卫行为，然后他（她）把这种自以为是的信息传递给了大人，希望能够"逃过一难"。这是一种发自本能的自我保护行为。

　　因此，父母无须评判孩子所谓"撒谎"的行为，也不要为此而生气发怒，甚至给予孩子人格方面的负面评价，我们只需要帮助他（她）矫正自己的认知和看法，让他（她）从自己编造的故事里走出来就可以了。

　　可能有些家长不相信，其实有时孩子撒谎的习惯是父母帮助养成的。

有的父母对孩子太严厉，动辄就有很重的惩罚，孩子为了逃脱惩罚，就会想尽办法找理由开脱自己。

也有的父母在沟通时无意间会造成孩子撒谎的行为。比如孩子做了一件不好的事情，父母在问话时，就会带有暗示性和引导性："是不是某某跟你说的？"，或者"是不是某某教你这样做的？"孩子就坡下驴，带着惶恐的心情就点点头。

再比如孩子一个人在房间，有的父母就会站在门口质问孩子：

> "你在房间里干吗呢？是不是在玩游戏啊？"
>
> 这时即使孩子在玩游戏，他也会说，"没有啊。"
>
> 父母可能会继续问，"真的没有吗？"
>
> "真的没有啊。"
>
> "那你有没有在看书？"
>
> "嗯，在看书。"
>
> "看了多少了？"
>
> "我已经看了 10 页了。"

很可能在对话时孩子就已经做好了准备，把游戏机放在一边，把书翻到第10 页，以防你的突然袭击。其实一开始你的语言就有个预设，孩子就会根据你的预设来进行回答，这种对话的模式其实就是在帮助孩子养成说谎的习惯，而父母往往并不自知。

当然，孩子大一些后，比如七八岁以后，有了一定的逻辑思维能力，他（她）是分辨得出哪些是谎言的。作为家长，我们要学会区分，也要学会有效应对处理。如果你认为孩子有撒谎行为，那么该怎么办呢？

（1）首先区分孩子是有意还是无意。一般较小的孩子往往都是无意撒谎，如果是无意撒谎，就不必太过担心，也不必苛责孩子，注意培养孩子的认知能力和鉴别能力就可以了。同时，家长要展现足够的包容性。

（2）给孩子做个好榜样。家长答应孩子的事情一定要做到，否则不要轻易答应孩子，要不然在孩子眼中你就是个会撒谎的家长。此外，家长不要在孩子面前对别人撒谎，更不能教唆孩子撒谎。

（3）正面引导和激励。即使孩子撒谎了，也不要当众戳穿和批评他（她），告诉孩子撒谎不好的同时，多鼓励孩子诚实的行为，鼓励孩子说实话，并消除孩子犯错后的恐惧心理。

经常"生病"的孩子

生病也加了引号，是因为有些"病"是可以避免的。有些孩子很容易生病，是因为体质的问题，但有些不是，有的孩子会"装病"，只是装着装着，最后可能发生装出真病的情况。

其实要说孩子"装病"，并不准确。按照心理学的解释，叫作"躯体化症状"（somatization），也就是一个人的情绪问题或者心理障碍，没有以心理症状表现出来，而是转换为各种躯体的症状表现出来。也就是把心理上的痛苦转变成躯体上的痛苦来排解，这是一种心理防御方式。当我们学习最后一节"症状获益"以后，可能会对此更容易理解。

躯体化症状是潜意识的愿望被压抑的产物，所以，有些孩子经常生病，其实是想得到父母的关注，或者内心有很深的期待没有被满足的表现。

比如有些孩子在冬天故意穿得很少，结果生病感冒，这便是一种有计划的"躯体化"来达到获得关注的目的。孩子出现上述行为很可能是太缺乏关注，希望通过惩罚自己，来换取家人的关心。对于这种行为，父母如果揭穿了或用无视、忽略的态度来对待，那么孩子很可能会以更隐秘、造成更严重的问题的方式来获得关注。

因此，孩子经常生病，一方面父母要从生理的角度去关注孩子的身体健康，另一方面也要注意从心理的角度去关注孩子的心理需求。

还有一种相对严重的行为，就是自我惩罚。有些孩子在犯错或者生气的时候，会有伤害自己的行为，他们看起来非常激动，会打自己的脑袋或身体，会用头撞墙，会拿笔戳自己的胳膊，或者咬伤自己等。

这是需要父母非常重视的一种行为。通常产生这种行为的孩子，往往有以下几个原因：

（1）自我的需求通常都得不到满足、内心充满孤独感，很少被关注，或者孩子有自闭倾向；

（2）父母过度纵容孩子，养成了有求必应的习惯，孩子稍不如意就通过伤害自己甚至"以死相逼"的方式来胁迫父母；

（3）父母离异，或孩子交给别人抚养，得不到父母的爱，对孩子关心太少导致孩子内心积累了大量的不满和怨恨；

（4）生理因素。孩子自身的神经系统发育不完善，或是智力发展障碍等，这种比较少见。

此外，父母对孩子的期望值过高，不顾实际情况，对孩子提出各种过高的要求，让孩子无法承受，从而压力过大，也可能出现类似的行为。

以上提出的几种情况，这些原因本身就包含了相应的对策，往往答案就在问题当中。希望父母在跟孩子互动的过程中，能够做到换位思考，充分共情，放下手头的工作，多与孩子平等沟通，少讲大道理，多关心孩子的需求，让他（她）充分感受到父母对他（她）的爱。

08

对特定物体有恐惧的孩子

孩子在成长过程中，会对某些物体或某种情境产生恐惧心理，比如会害怕凶猛的动物、虫子、雷电、黑暗、虚拟的坏人、爆炸声等，这些都是比较正常的现象，但如果父母不能妥善处理，这些恐惧可能会对孩子造成负面的影响，比如可能会出现哭闹、心慌、做噩梦、呼吸急促、胸闷、恶心反胃等生理反应，严重的甚至会演变成为恐惧症，造成精神分裂等，成为一生的心理阴影。因此，父母要对孩子的恐惧对象有足够的了解，同时要学会有效处理恐惧情绪的技巧，培养孩子健康的心理状态。

我儿子上幼儿园大班时，我们锻炼他尝试跟我们分房睡。有一天晚上，他哭着说不敢去自己的房间，问他为什么，他说怕大灰狼。

我就问他："那是一头什么样的大灰狼呢？"儿子说："很凶恶，还露着尖尖的牙齿，太吓人了。"

我想了一下，说："难怪，爸爸小时候也怕这种大灰狼。不过后来我知道，大灰狼有一个非常强大的对手，大灰狼最怕它了。"儿子说："它的对手？那是什么？"我说："那也是一头狼，不过那头狼特别好，它是专门保护我们人类的。我说给你听，你来想象一下它长什么样子好吗？"儿子点点头，说好。

我说："这头狼浑身散发着银色的光芒，它身上有很多肌肉，非常非常有力量，大灰狼一见到它就会吓得乱跑，就算一百头、一千头大灰狼都不是它的对手，如果大灰狼跟它打起来，它一拳就把大灰狼打到外太空去了，讨厌的大灰狼就再也回不来了。"儿子听了哈哈大笑。

我说："你画画还不错，你把这头保护人类的狼画出来好不好？"儿子说好，然后就在画板上画起来，画出来一头站着的浑身都是肌肉的"狼"。

我跟他提议："我们给它取个名字吧？"儿子说："好啊，那它叫什么名字好呢？"

我说："我喜欢叫它肌肉狼，你看它浑身都是肌肉，硬邦邦的，一看就很硬，像铁一样。"儿子眼睛一亮，说："我们叫它铁狼吧，我喜欢铁狼这个名字。"

我说："好啊儿子，从今天开始，有铁狼兄弟保护你，你就放心大胆地睡觉吧，铁狼会一直守护在你旁边，其他所有的狼都别想靠近。"

我把儿子带到他的床上，陪他躺了一会儿，看着他带着微笑美滋滋地睡着了。从此儿子每晚睡觉都有力大无穷又善良可爱的铁狼陪伴他，他再也不害怕大灰狼了。

这就是心理辅导中的"改变经验元素法"，让一个孩子害怕的形象，慢慢发生改变，一直变成孩子喜欢的、能够接受的样子，他（她）就不会害怕了，反而会觉得可爱，愿意和自己之前害怕的东西做朋友。

> 　　有一次我陪儿子看《绿野仙踪》这部电影，看的时候很开心，结果晚上睡觉时，儿子跟我说他想起了电影里的坏女巫，很害怕，不敢睡觉。我想想那个坏女巫的确让人讨厌。我就跟儿子说："我也很不喜欢那个女巫，不过她后来被消灭了，你还记得她是怎么被消灭的吗？"儿子想了想说："桃乐茜把水泼在她身上，她就消失了。"我说："是啊，再厉害的坏人也会被消灭掉，我们根本不用怕她，你等一下，爸爸给你拿一瓶水来，放在你床头，如果坏女巫过来，你用水泼在她身上，她就消失了。"我拿了一瓶矿泉水放在儿子的枕边说："宝贝你放心地睡吧，这瓶水就是你最厉害的武器，爸爸也会保护你的。"我轻轻地拍着儿子，就这样一会儿他就睡着了。

　　所有能想象出来的恐惧对象，都是主观存在于我们大脑里的，孩子也是这样，而且孩子的想象力特别丰富，他们会产生各种夸张的联想，让自己更害怕。既然是主观存在，那就有各种变化转换的可能性，父母如果能够用一些引导技巧，让孩子把那个恐惧的对象变得可爱起来，变得善良起来，变得很容易对付，变成孩子的手下败将，那么恐惧就不再是恐惧了。

09

有厌学情绪的孩子

在孩子学龄阶段，厌学可以说是常见的现象了。从幼儿园、小学，甚至直到大学阶段，孩子都可能会有厌学情绪产生。轻微的症状适当做一些引导就可以处理好，严重的可能对孩子终身学习和发展造成影响。

我儿子在幼儿园中班时，有一段时间怪怪的，每天早上起床后，都说不想去幼儿园。我们劝得紧了，他就哭闹，就是不愿意去。这个事情引起了我们的重视，当时我跟太太做了一些猜测：被老师批评了？和小伙伴发生冲突了？发生了不开心的事情？我和太太做了些引导，孩子也不愿意说。于是我们就用了一个老方法——角色扮演。

晚上，看儿子心情不错，我和太太就扮演小朋友坐在下面，让儿子作为老师给我们上课。儿子给我们讲一些幼儿园的小知识，我们在下面故意捣乱，儿子也只是提醒我们一下；我和太太故意闹矛盾打架，儿子也只是正常地拉开，让我们不要打架。好像没什么问题。然后我们就说，老师，我们饿了……儿子皱了皱眉头，说："好吧，但是你们要好好吃饭，不许挑食，要不老师会生气的。"我就问儿子："老师，我挑食怎么办啊？"儿子很严肃地说："不许挑食，不好好吃饭，我要把你带到其他班级看别的小朋友怎么吃饭。"而且说话时候表情不太自然，明显情绪低落了。扮演到这里我们意识到问题大概出在哪里了。

第二天我约了老师，跟老师聊了儿子厌学的事情。老师谈到儿子最近吃饭的问题，很挑食，只要有鱼虾和蛋类的食物，儿子吃饭速度就是全班倒数第一，老师们每次都得等他，会耽误很长时间。有一次老师把他带到小班去，看看更小的小朋友是怎么吃饭的，儿子就很不开心，中间还哭了几次。我对老师表示感谢。接着我和太太把儿子带到儿童医学中心做了一次检查，发现原来他对蛋白过敏，拿着医院的证明，老师就给他调节了膳食搭配，后来他挑食的现象也得到了一定程度的改善。儿子幼儿园的老师非常好，非常负责任，我们一直到现在都很感念她们。

孩子如果不愿意去学校，而且态度比较坚决，家长千万不要硬逼着孩子去，先耐心地寻找原因，然后对症下药。

孩子小的时候对很多事情只有感受，不会表达。因此，父母要学会引导孩子表达自己的感受，继而寻找事件的痕迹，根据蛛丝马迹去合理推断一些可能性，然后和老师真诚沟通，最后想办法解决问题。

我曾经遇到一个比较严重的案例，有个学员说自己10岁的孩子厌学，宁可用笔戳自己的胳膊，躺地上打滚，都不愿意去学校，问如何处理孩子的厌学情绪。

这种问题说不好听一点，家长在此前一定是严重失职的。就如同家里失火了，面对着熊熊大火，才想到如何防火一样。在此之前，孩子一定出现了不少厌学的征兆，如为难、退缩、抗拒、哭闹等，只是那时父母没有当回事，直到严重到孩子用伤害自己来对抗去学校，此时父母才意识到问题的严重性。

就像一棵树的树叶有些枯萎，我们没有去注意；树干上有了一些小洞，我们也没有去关注；等到树干里都空了，一堆虫子从里面爬出来，我们才想到防虫，殊不知已经晚了。

很多父母会崇尚一个信念：孩子一定要上学，不上学肯定不行。于是带着这个信念跟孩子讲各种各样的大道理，强迫孩子去学校，却忽略了孩子的痛苦感受和厌学的真实原因。

孩子厌学一般的表现有：

（1）不愿意去学校，一到上学的时间就磨蹭，家长催促的时候，孩子会哭闹，会对抗，不想出门；

（2）被强迫去上学就会生病，比如发烧、头疼、腹泻等各种生理不适的表现，说明孩子可能对去学校心里感觉不轻松、不开心，心理上有对抗，通过身体反映出来；

（3）在上学的路上磨蹭，半路上跑去玩，或者直接在上学期间跑出去玩；

（4）回家后抱怨在学校很烦、不开心，提到一些老师或者同学的名字就很生气。

当然还有其他一些表现，需要家长在跟孩子的互动中觉察。

如果孩子有厌学现象，该如何处理呢？

（1）尊重孩子的感受。不要跟孩子大谈人生或理想，讲各种大道理，多关注孩子的感受，维护孩子的自尊和自信；

（2）找到真实的原因。带着平和的心态和孩子耐心沟通交流，找到真实的原因，然后有针对性地解决问题，和孩子分析利弊，化解问题；

（3）教孩子学会改善人际关系。如果和老师或同学发生了不愉快，要培养孩子和别人交往的能力，让孩子学会包容别人；

（4）父母做好榜样。父母在家要养成看书学习的习惯，与孩子经常交流学习成长的话题，告诉孩子学习的意义和重要性，给孩子树立好榜样。

孩子厌学，从一开始我们就要重视起来。孩子讨厌学习、害怕学习的这种感觉，家长如果处理不好会影响孩子的一生，我们经常说一个人要"活到老，学到老"，如果孩子从小听到"学习"两个字就讨厌、逃避、痛苦，那往后余生，何谈通过学习创造人生价值呢？

10

孩子可能会用"症状获益"来保护自己

"症状获益"这个概念在心理咨询的领域常会被提到，通俗地讲，所谓"症状获益"，是指一个人通过表现出某种症状，从而在一定程度上从别人那里获得自己身心上的好处。

这个概念最早来自于弗洛伊德，他通过研究转换性的障碍，提出："由于知觉的加工，人们意识不到，人们受到某一种动机的驱使，而表现出某些症状，而这一动机是在意识之外受潜意识的影响。"因此，这种症状的呈现不一定是主观故意，很大程度上是潜意识的某种期待通过非正常的形式表现出来。

前面提到孩子的一些不正常表现，不少都有"症状获益"的可能性。

在生活中，人们表现出"症状获益"也许是希望得到关注，也许是逃避现实，也许是拖延某件事情。

> 我上初中时有一位同学，他父亲是我们的班主任，对他期望很高。这个同学平时成绩都很好，但一到考试前夕就会头疼，而且越重要的考试，

头疼得越厉害，有时甚至会疼得哇哇大哭。但奇怪的是，等到考试结束，他的头疼病自然就消失了。

那时我们都不知道怎么回事，现在来看，这就是一种典型的"症状获益"的表现。他通过"头疼"来向自己的父亲证明，没考好不是我的问题，是头疼的问题。但如果考好了，他更容易获得别人的认可：你看，人家头疼得那么厉害都能考好。

有个10岁的女孩子，近半年时间，每次去辅导班之前都喊肚子痛。一开始，父母以为孩子是为了躲避上辅导班装病的，后来看她疼得在沙发上打滚，痛苦的样子一点儿都不像装的，这才确定是真的。于是带着孩子看了很多次病，胃镜都做了两次，但令人疑惑的是，医生每次检查完都说孩子没有问题。

直到碰到一位医生，这位医生在了解了孩子生病前后的表现之后，开出了药方：让家长给孩子退掉课外辅导班，让她多放松，多玩玩。

这让父母觉得非常奇怪，辅导班跟孩子的肚子痛有什么关系？

医生解释说，面对各种辅导班，孩子其实很想反抗，而父母的力量又十分强大，对抗不了怎么办？这些强烈压抑的情绪开始转化为躯体化的症状。因为只有肚子疼，父母才会降低要求，要么带她去医院看病，要么让她在家里休息，就不用去上辅导班了。久而久之，孩子身上就形成了这种条件反射的症状。

从心理学的角度来看，这种表现并不奇怪，长期压力带来的负面情绪在体内积蓄，无法排解，就会以攻击我们躯体和器官的方式来缓解。这实际上是一种转化，也就是心理的严重不适，慢慢转化成了躯体上的疾病。

"症状获益"在生活中会以各种表现形式出现，当然，不仅孩子会出现，成年人同样会出现。

几年前，我的一位咨询师朋友曾经聊过一个案例。

> 有一位老太太，年轻时丈夫就不在了，她一个人拉扯4个子女，几个子女都比较有出息，个个都考上了大学，而且都留在了大城市工作。
>
> 老太太年龄大了，不愿意去城里，就一个人留在老家生活。可是她在老家经常生病，不是头疼就是腿疼，她一生病就给子女打电话："我生病了，你们能回来看看我吗？"
>
> 一开始，子女们吓得不轻，都放下手头的工作，跑回来看望她，可是一回来老太太的病就好了，带去医院也查不出来什么问题。
>
> 连续几次之后，子女们开始有意见了："你也没啥病啊，我们都忙着呢，就不要折腾我们了。"老太太也很奇怪："我是真的疼啊，可是我也不知道为什么，一看到你们了，我就不疼了。"子女们听了都哭笑不得。
>
> 后来老太太其中一个女儿跟我的这位朋友聊到这件事情，朋友说："老太太这是"症状获益"的表现。她一个人在老家很孤独，太思念你们了，可又知道你们都忙，不好意思让你们回来看她，这种情绪久了，就在身体上有反应了。她并不是装的，只是情绪的躯体化表达。"
>
> 子女们恍然大悟，于是几个人约定好，定期轮流回去看望老太太，老太太的"病"自然就好了。

这位老太太还算幸运，总算还有懂她的子女去陪伴她。

我曾看过一部日本电影，叫《租赁猫》，影片中的吉冈寿子是一个年迈的老太太，儿子不在身边，老太太实在太寂寞了，就租赁了一只猫陪伴她。老太太去世后，她儿子回来料理房子，发现冰箱里装满了他爱吃的果冻，那都是老太太生前给儿子准备的，但因为怕耽误儿子的事业，只能做好了储藏在冰箱里，默默等待儿子的到来。吃着果冻的儿子，想到平日里只有猫咪陪伴的妈妈，不禁悲从中来。

再回到我们谈的话题上来。很多人在面对一件特别重要的事情时，都会有紧张、焦虑、担心、恐惧等各种复杂的情绪，如果这些情绪积累到一定程度，就会通过身体反应表现出来。

比如有些学生参加重要的考试，进入考场后会出虚汗、会呕吐；

比如有些孩子生病后不愿意好起来，因为他们觉得好了之后爸爸妈妈就不会这么细心周到地照顾自己了，还会让自己做很多事情；

比如一个人在众人面前做重要的演讲之前，甚至会想："让我生一场病吧，或者出现个意外情况吧，这样我就可以不去了。"假如你真的发烧了，急性阑尾炎犯了，或者公司投影仪坏了，你内心甚至会有点小小的侥幸，舒了一口气后告诉自己：哦，终于可以不去了。

这些是意识层面能够觉察到的行为和表现。而对于"症状获益"来讲，很多时候，人们的意识不会这么清晰，尤其是情绪表达能力不足的孩子。

有的家长以为孩子只要去上学或去上辅导班就出现发烧、头疼、肚子痛等各种问题，是孩子在"捣鬼"、在"装病"，其实"捣鬼""装病"不是孩子的本意，这种"症状获益"当事人有时并不自知，大多属于一种潜意识行为。对于这一点，作为家长来讲，要学会"透过现象看本质"，最明智的做法就是多关注孩子的情绪，引导孩子放松，通过心理暗示等辅导方法减轻或消除孩子的症状。当然，最好的处理方式就是处理引发孩子情绪的事件。

孩子所呈现出的行为表象，其实是他（她）对父母严格操控的一种无声反抗。而操控在孩子成长的过程中可能无处不在，父母经常会以爱的名义控制着自己的孩子。而严格的管教背后，往往呈现的是家长自己内心的焦虑和不适。

当然，孩子成长中出现的"问题"可能远远不止这些。作为父母，我们要有一个认识，那就是问题本身不是问题，而如何看待问题才是真正的问题。问题的呈现只是结果，而问题背后的原因才是值得父母关注的。我们只有正确看待问题，找到问题的真因，才可能有效地解决问题。

后记

这本书的大部分内容是我在 2018 年写下来的，那一年儿子上幼儿园大班。由于中间电脑出了一次问题，丢失了一部分文件，同时也因为经常出差讲课，时间紧张，就没有继续写下去。

2022 年上半年，上海新冠疫情较为严重，我们居家封控两个月。封控期间，我白天出去做社区志愿者，晚上就抽空把这部分内容补充出来，顺便也完善了一些素材，结集成册，于是就有了这本书。

在此非常感谢我的太太，因为她的鼓励和支持，让我得以有充分的时间和动力完成这本书。同时在书稿完成之后，她帮我逐字审稿，提出了很多宝贵的观点和意见。

感谢我的儿子，因为他，让我的人生变得更加丰富多彩；因为他，让我对亲子的领域产生了浓厚的兴趣；因为他，给这本书提供了很多鲜活的案例和素材；也因为有了他，我才可能有写这本书的想法。

也要感谢我的一位好朋友、好兄长，同时也是我的老师——邵一鸣先生，他开启了我学习心理学的大门，从认识到现在，这十多年，我们一直是亦师亦友的关系，他在潜移默化中带给我很多影响。

还要感谢上海经和幸福企业研究院首席顾问、中国心理卫生协会的心理专家郭金山博士为本书撰写序言。感谢北京华韵大成创始人陈龙海先生以及民主与建设出版社编辑老师们所给予的大力支持！此外，也要感谢我的朋友张一丹老师，她是一位兴趣广泛的企业培训师，讲课之余对绘画有着浓厚的兴趣，本书的插图就是一丹老师友情提供的。

在此，也一并感谢我亲爱的家人、朋友、老师、学员……谢谢你们一直以来的支持和陪伴，感念至深。

我的助理曾经跟我建议，作为一名研究企业管理和领导力提升的企业培训师，出版亲子书籍会不会影响我的专业定位？我跟她说："我是一名企业培训师，但我也是一位父亲。我非常重视我喜爱的培训事业，同时我认为，承担好父亲的角色也至关重要。而且我在讲课过程中，发现有亲子方面困惑的职场精英和企业管理者也并不在少数，以书为媒，也算是我们的另一种交流方式吧。"

亲子是永远的话题，也需要父母持续修炼。

不久前，一位朋友问我，我到现在才意识到陪伴孩子的重要性，是不是太晚了？我想说，真正的晚，是从来都没有开始过。现在有觉察，现在去学习，现在去行动。没有晚与不晚，只有做与不做。

真诚地期待看完这本书的你，能给孩子带来一些新的影响和变化。

在做父母的这条路上，我们共勉！